本書係「敦煌文獻系統性保護整理出版工程」項目成果

二〇二一—二〇三五年國家古籍工作規劃重點出版項目

「十四五」國家重點出版物出版規劃項目

國家古籍整理出版專項經費資助項目

中國國家圖書館藏
敦煌文獻

中國國家圖書館 編

第四〇册

BD00570 ~ BD00587

國家圖書館出版社

DUNHUANG MANUSCRIPTS IN THE NATIONAL LIBRARY OF CHINA

040

BD00570 ~ BD00587

compiled by the

National Library of China

National Library of China Publishing House

凡例

一 本書刊布中國國家圖書館藏敦煌文獻，以館藏編號爲序編排。

二 館藏編號采用「BD+流水號」格式，如BD00001, BD16579等。背面在編號後加v表示。一個編號包含多件文獻者，編號後分別綴以字母A, B, C等。一件文獻含有多個内容者，以數字-1, -2, -3等標明順序。

三 圖版有縮印或放大處另加説明，尺寸超出本書幅面的以摺葉形式呈現。

四 卷軸裝、梵夾裝、經摺裝等裝幀形制的敦煌文獻，各附外觀圖像。

五 每件文獻依次呈現外觀、正面、背面等。背面僅刊布有文字、圖像或其他要素的圖版，而略去素紙部分，背面圖版同樣以從右到左順序編排。凡有外題者，遵從以上原則。

六 除個別特殊情況外，爲保證閲讀連貫、流暢，圖版儘量通欄呈現。

七 各葉上方附該件文獻全圖，以高亮形式顯示本葉大圖在全卷中的位置。部分長卷文獻全圖衹能分多段呈現時，在上段末以❮符標示下段接續。卷尾内容不足一葉時，文獻全圖使用該圖卷尾部分，亦以❮符標示。背面圖版文字與正面文字方向相反時，文獻全圖按原貌顯示，正文翻轉呈現，以便閲讀研究，用↻符標示。

八 文獻題名大體沿用中國國家圖書館此前所編多部敦煌文獻目録的考證，部分吸收學界最新研究成果略作調整和完善。文獻題名綜合參考原卷首題、尾題、外題確定，如原卷題名與該文獻正式名稱不同，則采用正式名稱；無題名者，或比定題名，或擬定新名。非漢文文獻在題名前標注語種。有分卷不同等其他情況者，括注於文獻名稱後。

九 本書著録使用通行繁體字，涉及原文中的人名、地名等，必要時保留原字形。

About this publication

1. The documents are presented in shelfmark order.
2. The shelfmarks are in the form BD plus a running number, eg. BD00001, BD16579, &c. If a given shelfmark contains multiple documents, these are distinguished by the letters A, B, C, &c. If a document has multiple contents, they are distinguished by the numbering 1, 2, 3, &c. The verso side of an item is indicated by the letter v.
3. If it has been necessary to reduce or enlarge the size of an illustration, the dimensions are indicated. If the size of an illustration exceeds the size of the book, a folding sheet is used.
4. If the document is a scroll, a folded sutra, or has a stitched binding, a picture of the whole object is provided to show its external appearance.
5. The cover, front, and back of each document are reproduced in sequence. The back of a document is only reproduced if it contains text, illustrations, or other markings, and it is oriented from right to left. If it is blank it is not reproduced.
6. Except in a few special cases, the lines of text are reproduced unbroken to make them coherent and easier to read.
7. An illustration of the complete document is reproduced at the top of each page, and the section where the main illustration appears is highlighted in order to indicate its position. If it has only been possible to reproduce a long scroll in sections, the direction symbol has been used to indicate where one illustration ends and the next one begins. If the end of the scroll occupies less than one page, the direction symbol is used to indicate its position in the illustration of the complete document. If the text on the back of the document has a different orientation from the text on the front, it is reproduced as it is, but is also rotated (indicated with the rotation symbol) so that it can be read easily.
8. The titles of the documents generally conform with those already established by the Library, but in some cases have been amended by drawing on the most recent scholarly research. The titles are derived firstly from the beginning of the text, then from the end of the text, and lastly from the cover. If the title of a document differs from its authoritative form, the authoritative form is used; and if a document has no title, one is either supplied by comparison with similar documents, or a new one is devised. If the document is not in Chinese, its language is indicated before the title. If the number of juan is different from that of the authoritative version, or if there are other irregularities, this is noted.
9. The documents in the book are in traditional Chinese characters. Where the title contains personal or place names, the original characters used for these names are retained.

(Translated by David Helliwell)

第四〇册目録

BD00570 妙法蓮華經卷五

（後秦）鳩摩羅什 譯

1044.8cm × 26.5cm

況復餘事不樂畜年少弟子
樂與同師常好坐禪在於閑處
殊師利是名初親近處復次菩
觀一切空法如實相不顛倒不動
虛空无所有性一切語言道斷
起无名无相實无所有无量无
但以因緣有從顛倒生故說常
相是名菩薩摩訶薩第二親近
尊欲重宣此義而說偈言
若有菩薩　於後惡世　无怖畏
應入行處　及親近處　常離國王　及國王子
大臣官長　凶險戲者　及旃陁羅　外道梵志
亦不親近　增上慢人　貪著小乘　三藏學者
破戒比丘　名字羅漢　及比丘尼　好戲咲者

深著五欲　求現滅度　諸優婆夷　皆勿親近
若是人等　以好心來　到菩薩所　為聞佛道
菩薩則以　无所畏心　不懷悕望　而為說法
寡女處女　及諸不男　皆勿親近　以為親厚
亦莫親近　屠兒魁膾　畋獵魚捕　為利煞害
販肉自活　衒賣女色　如是之人　皆勿親近
兇險相撲　種種嬉戲　諸婬女等　盡勿親近
莫獨屏處　為女說法　若說法時　无得戲咲
入里乞食　將一比丘　若无比丘　一心念佛
是則名為　行處近處　以此二處　能安樂說
又復不行　上中下法　有為无為　實不實法
亦不分別　是男是女　不得諸法　不知不見
是則名為　菩薩行處　一切諸法　空无所有
无有常住　亦无起滅　是名智者　所親近處

是則名[illegible]

无有常住　亦无起滅　是名智者　所親近處
顛倒分別　諸法有无　是實非實　是生非生
在於閑處　脩攝其心　安住不動　如須弥山
觀一切法　皆无所有　猶如虛空　无有堅固
不生不出　不動不退　常住一相　是名近處
若有比丘　於我滅後　入是行處　及親近處
說斯經時　无有怯弱　菩薩有時　入於靜室
以正憶念　隨義觀法　從禪定起　為諸國王
王子臣民　婆羅門等　開化演暢　說斯經典
其心安隱　无有怯弱　文殊師利　是名菩薩
安住初法　能於後世　說法華經
又文殊師利如來滅後於末法中欲說是經應
住安樂行若口宣說若讀經時不樂說人及
經典過亦不輕慢諸餘法師不說他人好惡

長短於聲聞人亦不稱名說其過惡亦不稱
名讚歎其美又亦不生怨嫌之心善脩如是
安樂心故諸有聽者不逆其意有所難問
不以小乘法荅但以大乘而為解說令得一
切種智尒時世尊欲重宣此義而說偈言
菩薩常樂　安隱說法　於清淨地　而施床座
以油塗身　澡浴塵穢　著新淨衣　內外俱淨
安處法座　隨問為說　若有比丘　及比丘尼
諸優婆塞　及優婆夷　國王王子　群臣士民
以微妙義　和顏為說　若有難問　隨義而荅
因緣譬喻　敷演分別　以是方便　皆使發心
漸漸增益　入於佛道　除嬾惰意　及懈怠想
離諸憂惱　慈心說法　晝夜常說　无上道教
以諸因緣　无量譬喻　開示衆生　咸令歡喜

離諸憂惱　慈心說法　晝夜常說　无上道教
以諸因緣　无量譬喻　開示衆生　咸令歡喜
衣服卧具　飲食醫藥　而於其中　无所悕望
但一心念　說法因緣　願成佛道　令衆亦尒
是則大利　安樂供養　我滅度後　若有比丘
能演說斯　妙法華經　心无嫉恚　諸惱障礙
亦无憂愁　及罵詈者　又无怖畏　加刀杖等
亦无擯出　安住忍故　智者如是　善脩其心
能住安樂　如我上說　其人功德　千万億劫
筭數譬喻　說不能盡
又文殊師利菩薩摩訶薩於後末世法欲滅
時受持讀誦斯經典者无懷嫉妬諂誑之心
亦勿輕罵學佛道者求其長短若比丘比丘
尼優婆塞優婆夷求聲聞者求辟支佛者求
菩薩道者无得惱之令其疑悔語其人言汝

等去道甚遠終不能得一切種智所以者何
汝是放逸之人於道懈怠故又亦不應戲論諸
法有所諍競當於一切衆生起大悲想於
諸如來起慈父想於諸菩薩起大師想於十
方諸大菩薩常應深心恭敬禮拜於一切衆
生平等說法以順法故不多不少乃至深愛
法者亦不為多說文殊師利是菩薩摩訶薩
於後末世法欲滅時有成就是第三安樂行
者說是法時无能惱亂得好同學共讀誦是
經亦得大衆而來聽受聽已能持持已能誦
誦已能說說已能書若使人書供養經卷恭
敬尊重讚歎尒時世尊欲重宣此義而說偈言
若欲說是經　當捨嫉恚慢　諂誑邪偽心　常脩質直行
不輕蔑於人　亦不戲論法　不令他疑悔　云汝不得佛

不輕蔑於人　亦不戲論法　不令他疑悔　云汝不得佛
是佛子說法　常柔和能忍　慈悲於一切　不生懈怠心
十方大菩薩　愍衆故行道　應生恭敬心　是則我大師
於諸佛世尊　生无上父想　破於憍慢心　說法无障礙
第三法如是　智者應守護　一心安樂行　无量衆所敬
又文殊師利菩薩摩訶薩於後末世法欲滅
時有持法華經者於在家出家人中生大慈
心於非菩薩人中生大悲心應作是念如是
之人則為大失如來方便隨宜說法不聞不
知不覺不問不信不解其人雖不問不信不
解是經我得阿耨多羅三藐三菩提時隨在
何地以神通力智慧力引之令得住是法中
文殊師利是菩薩摩訶薩於如來滅後有成
就此第四法者說是法時无有過失常為比

丘比丘尼優婆塞優婆夷國王王子大臣人
民婆羅門居士等供養恭敬尊重讚歎虛
空諸天為聽法故亦常隨侍若在聚落城邑
空閑林中有人來欲難問者諸天晝夜常為
法故而衛護之能令聽者皆得歡喜所以者
何此經是一切過去未來現在諸佛神力所護
故文殊師利是法華經於无量國中乃至名
字不可得聞何況得見受持讀誦文殊師利
譬如強力轉輪聖王欲以威勢降伏諸國而
諸小王不順其命時轉輪王起種種兵而往討
伐王見兵衆戰有功者即大歡喜隨功賞
賜或與田宅聚落城邑或與衣服嚴身之具
或與種種珎寶金銀琉璃車璖馬瑙珊瑚虎珀
象馬車乘奴婢人民唯髻中明珠不以與之
所以者何獨王頂上有此一珠若以與之

象馬車乘奴婢人民唯髻中明珠不以與之
所以者何獨王頂上有此一珠若以與之王
諸眷屬必大驚怪文殊師利如來亦復如
是以禪定智慧力得法國土王於三界而諸
魔王不肯順伏如來賢聖諸將與之共戰
其有功者心亦歡喜於四衆中為說諸經令
其心悅賜以禪定解脫无漏根力諸法之財又
復賜與涅槃之城言得滅度引導其心令皆
歡喜而不為說是法華經文殊師利如轉輪
王見諸兵衆有大功者心甚歡喜以此難信
之珠久在髻中不妄與人而今與之如來亦
復如是於三界中為大法王以法教化一切
衆生見賢聖軍與五陰魔煩惱魔死魔共
戰有大功勳滅三毒出三界破魔網尒時如來

亦大歡喜此法華經能令衆生至一切智一
切世間多怨難信先所未說而今說之文殊
師利此法華經是諸如來第一之說於諸說
中最爲甚深末後賜與如彼強力之王久護
明珠今乃與之文殊師利此法華經諸佛如
來祕密之藏於諸經中最在其上長夜守護
不妄宣說始於今日乃與汝等而敷演之尒
時世尊欲重宣此義而說偈言
常行忍辱　哀愍一切　乃能演說　佛所讚經
後末世時　持此經者　於家出家　及非菩薩
應生慈悲　斯等不聞　不信是經　則爲大失
我得佛道　以諸方便　爲說此法　令住其中
譬如強力　轉輪之王　兵戰有功　賞賜諸物
象馬車乘　嚴身之具　及諸田宅　聚落城邑

象馬車乘　嚴身之具　及諸田宅　聚落城邑
或與衣服　種種珍寶　奴婢財物　歡喜賜與
如有勇健　能為難事　王解髻中　明珠賜之
如來亦尒　為諸法王　忍辱大力　智慧寶藏
以大慈悲　如法化世　見一切人　受諸苦惱
欲求解脫　與諸魔戰　為是眾生　說種種法
以大方便　說此諸經　既知眾生　得其力已
末後乃為　說是法華　如王解髻　明珠與之
此經為尊　眾經中上　我常守護　不妄開示
今正是時　為汝等說　我滅度後　求佛道者
欲得安隱　演說斯經　應當親近　如是四法
讀是經者　常无憂惱　又无病痛　顏色鮮白
不生貧窮　卑賤醜陋　眾生樂見　如慕賢聖
天諸童子　以為給使　刀杖不加　毒不能害

若人惡罵　口則閉塞　遊行无畏　如師子王
智慧光明　如日之照　若扵夢中　但見妙事
見諸如來　坐師子座　諸比丘衆　圍繞說法
又見龍神　阿脩羅等　數如恒沙　恭敬合掌
自見其身　而為說法　又見諸佛　身相金色
放无量光　照扵一切　以梵音聲　演說諸法
佛為四衆　說无上法　見身處中　合掌讚佛
聞法歡喜　而為供養　得陁羅尼　證不退智
佛知其心　深入佛道　即為授記　成最正覺
汝善男子　當扵來世　得无量智　佛之大道
國土嚴淨　廣大无比　亦有四衆　合掌聽法
又見自身　在山林中　脩習善法　證諸實相
深入禪定　見十方佛
諸佛身金色　百福相莊嚴　聞法為人說　常有是好夢

諸佛身金色　百福相莊嚴　聞法為人說　常有是好夢
又夢作國王　捨宮殿眷屬　及上妙五欲　行詣於道場
在菩提樹下　而處師子座　求道過七日　得諸佛之智
成无上道已　起而轉法輪　為四衆說法　經千万億劫
說无漏妙法　度无量衆生　後當入涅槃　如烟盡燈滅
若後惡世中　說是第一法　是人得大利　如上諸功德

妙法蓮華經從地踊出品第十五

尒時他方國土諸來菩薩摩訶薩過八恒河
沙數於大衆中起合掌作礼而白佛言世尊
若聽我等於佛滅後在此娑婆世界勤加
精進護持讀誦書寫供養是經典者當於此
土而廣說之尒時佛告諸菩薩摩訶薩衆止
善男子不須汝等護持此經所以者何我娑婆
世界自有六万恒河沙等菩薩摩訶薩一一

菩薩各有六万恒河沙眷屬是諸人等能於
我滅後護持讀誦廣說此經佛說是時娑婆
世界三千大千國土地皆震裂而於其中有
无量千万億菩薩摩訶薩同時踊出是諸菩
薩身皆金色三十二相无量光明先盡在此
娑婆世界之下此界虛空中住是諸菩薩聞
釋迦牟尼佛所說音聲從下發來一一菩薩
皆是大衆唱導之首各將六万恒河沙眷屬
況將五万四万三万二万恒河沙等眷屬者
況復乃至一恒河沙半恒河沙四分之一乃
至千万億那由他分之一況復千万億那
由他眷屬況復億万眷屬況復千万百万
乃至一万況復一千一百乃至一十況復將
五四三二一弟子者況復單己樂遠離行

五四三二一弟子者況復單已樂遠離行
如是等比无量无邊算數譬喻所不能知
是諸菩薩從地出已各詣虛空七寶妙塔多
寶如來釋迦牟尼佛所到已向二世尊頭面礼
足及至諸寶樹下師子座上佛所亦皆作礼右
繞三帀合掌恭敬以諸菩薩種種讚法而
以讚歎住在一面欣樂瞻仰於二世尊是諸
菩薩摩訶薩從初踊出以諸菩薩種種讚
法而讚於佛如是時間經五十小劫是時釋
迦牟尼佛嘿然而坐及諸四衆亦皆嘿然五十
小劫佛神力故令諸大衆謂如半日尒時四
衆亦以佛神力故見諸菩薩遍滿无量百千
万億國土虛空是菩薩衆中有四導師一名
上行二名无邊行三名淨行四名安立行是四

菩薩於其衆中㝡為上首唱導之師在大
衆前各共合掌觀釋迦牟尼佛而問訊言世
尊少病少惱安樂行不所應度者受教易
不不令世尊生疲勞耶尒時四大菩薩而說偈
言
世尊安樂　少病少惱　教化衆生　得无疲惓
又諸衆生　受化易不　不令世尊　生疲勞耶
尒時世尊於菩薩大衆中而作是言如是
如是諸善男子如來安樂少病少惱諸衆
生等易可化度无有疲勞所以者何是諸
衆生世世已來常受我化亦於過去諸佛供養
尊重種諸善根此諸衆生始見我身聞我所
說即皆信受入如來慧除先修習學小乘者
如是之人我今亦令得聞是經入於佛慧尒時

如是之人我今亦令得聞是經入於佛慧尒時
諸大菩薩而說偈言
善哉善哉　大雄世尊　諸衆生等　易可化度
能問諸佛　甚深智慧　聞已信行　我等隨喜
於時世尊讚歎上首諸大菩薩善哉善哉善
男子汝等能於如來發隨喜心尒時弥勒菩
薩及八千恒河沙諸菩薩衆皆作是念我等
從昔已來不見不聞如是大菩薩摩訶薩衆
從地踊出住世尊前合掌供養問訊如來時
弥勒菩薩摩訶薩知八千恒河沙諸菩薩等
心之所念并欲自決所疑合掌向佛以偈問曰
无量千万億　大衆諸菩薩　昔所未曾見　願兩足尊說
是從何所來　以何因緣集　巨身大神通　智慧叵思議
其志念堅固　有大忍辱力　衆生所樂見　爲從何所來

一一諸菩薩　所將諸眷屬　其數无有量　如恒河沙等
或有大菩薩　將六万恒沙　如是諸大衆　一心求佛道
是諸大師等　六万恒河沙　俱來供養佛　及護持此經
將五万恒沙　其數過於是　四万及三万　二万至一万
一千一百等　乃至一恒沙　半及三四分　億万分之一
千万那由他　万億諸弟子　乃至於半億　其數復過上
百万至一万　一千及一百　五十與一十　乃至三二一
單己无眷屬　樂於獨處者　俱來至佛所　其數轉過上
如是諸大衆　若人行籌數　過於恒沙劫　猶不能盡知
是諸大威德　精進菩薩衆　誰為其說法　教化而成就
從誰初發心　稱揚何佛法　受持行誰經　脩習何佛道
如是諸菩薩　神通大智力　四方地震裂　皆從中踊出
世尊我昔來　未曾見是事　願說其所從　國土之名号
我常遊諸國　未曾見是衆　我於此衆中　乃不識一人

世尊我[illegible]
我常遊諸國　未曾見是衆　我於此衆中　乃不識一人
忽然從地出　願說其因緣　今此之大會　无量百千億
是諸菩薩等　皆欲知此事　是諸菩薩衆　本末之因緣
无量德世尊　唯願決衆疑
尒時釋迦牟尼佛分身諸佛從无量千万億
他方國土来者在於八方諸寶樹下師子座上
結跏趺坐其佛侍者各各見是菩薩大衆於
三千大千世界四方從地踊出住於虛空各白
其佛言世尊此諸无量无邊阿僧祇菩薩
大衆從何所来尒時諸佛各告侍者諸善
男子且待須臾有菩薩摩訶薩名弥勒釋迦
牟尼佛之所授記次後作佛已問斯事佛今
荅之汝等自當因是得聞尒時釋迦牟尼佛
告弥勒菩薩善哉善哉阿逸多乃能問佛如

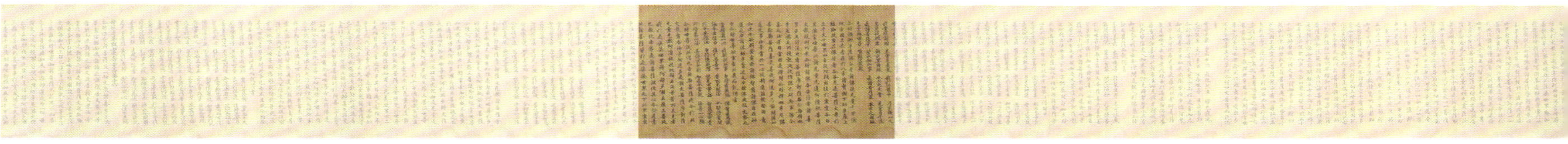

是大事汝等當共一心被精進鎧發堅固意
如來今欲顯發宣示諸佛智慧諸佛自在神
通之力諸佛師子奮迅之力諸佛威猛大勢之
力尒時世尊欲重宣此義而說偈言
當精進一心　我欲說此事　勿得有疑悔　佛智叵思議
汝今出信力　住於忍善中　昔所未聞法　今皆得當聞
我今安慰汝　勿得懷疑懼　佛无不實語　智慧不可量
所得第一法　甚深叵分別　如是今當說　汝等一心聽
尒時世尊說此偈已告弥勒菩薩我今於此
大衆宣告汝等阿逸多是諸大菩薩摩訶薩
无量无數阿僧祇從地踊出汝等昔所未見者
我於是娑婆世界得阿耨多羅三藐三菩提
已教化示導是諸菩薩調伏其心令發道意
此諸菩薩皆於是娑婆世界之下此界虛空

此諸菩薩皆於是娑婆世界之下此界虛空
中住於諸經典讀誦通利思惟分別正憶念
阿逸多是諸善男子等不樂在衆多有所
說常樂靜處勤行精進未曾休息亦不依
止人天而住常樂深智无有障礙亦常樂於諸
佛之法一心精進求无上慧爾時世尊欲重
宣此義而說偈言
阿逸汝當知　是諸大菩薩　從无數劫來　脩習佛智慧
悉是我所化　令發大道心　此等是我子　依止是世界
常行頭陁事　志樂於靜處　捨大衆憒閙　不樂多所說
如是諸子等　學習我道法　晝夜常精進　爲求佛道故
在娑婆世界　下方空中住　志念力堅固　常勤求智慧
說種種妙法　其心无所畏　我於伽耶城　菩提樹下坐
得成最正覺　轉无上法輪　爾乃教化之　令初發道心

今皆住不退　悉當得成佛　我今說實語　汝等一心信
我從久遠來　教化是等衆
尒時弥勒菩薩摩訶薩及无數諸菩薩等
心生疑惑怪未曾有而作是念云何世尊於少
時間教化如是无量无邊阿僧祇諸大菩薩
令住阿耨多羅三藐三菩提即白佛言世尊
如來爲太子時出於釋宮去伽耶城不遠坐
於道場得成阿耨多羅三藐三菩提從是已
來始過四十餘年世尊云何於此少時大作
佛事以佛勢力以佛功德教化如是无量大
菩薩衆當成阿耨多羅三藐三菩提世尊
此大菩薩衆假使有人於千万億劫數不能盡
不得其邊斯等久遠已來於无量无邊諸
佛所殖諸善根成就菩薩道常脩梵行世尊

佛所殖諸善根成就菩薩道常脩梵行世尊
如此之事世所難信譬如有人色美髮黑年二
十五指百歲人言是我子其百歲人亦指年
少言是我父生育我等是事難信佛亦如
是得道已來其實未久而此大衆諸菩薩等
已於无量千万億劫為佛道故勤行精進善
入出住无量百千万億三昧得大神通久脩梵
行善能次第習諸善法巧於問荅人中之寶
一切世間甚為希有今日世尊方云得佛道
時初令發心教化示導令向阿耨多羅三藐
三菩提世尊得佛未久乃能作此大功德事
我等雖復信佛隨宜所說佛所出言未曾
虛妄佛所知者皆悉通達然諸新發意菩
薩於佛滅後若聞是語或不信受而起破法罪

業因緣唯然世尊願為解說除我等疑及
未來世諸善男子聞此事已亦不生疑尒時弥
勒菩薩欲重宣此義而說偈言
佛昔從釋種　出家近伽耶　坐於菩提樹　尒來尚未久
此諸佛子等　其數不可量　久已行佛道　住神通智力
善學菩薩道　不染世間法　如蓮華在水　從地而踊出
皆起恭敬心　住於世尊前　是事難思議　云何而可信
佛得道甚近　所成就甚多　願為除衆疑　如實分別說
譬如少壯人　年始二十五　示人百歲子　髮白而面皺
是等我所生　子亦說是父　父少而子老　舉世所不信
世尊亦如是　得道來甚近　是諸菩薩等　志固无怯弱
從无量劫來　而行菩薩道　巧於難問荅　其心无所畏
忍辱心決定　端正有威德　十方佛所讚　善能分別說
不樂在人衆　常好在禪定　為求佛道故　於下空中住

忍辱心決定　端正有威德　十方佛所讚　善能分別說
不樂在人衆　常好在禪定　為求佛道故　於下空中住
我等從佛聞　於此事无疑　願佛為未來　演說令開解
若有於此經　生疑不信者　即當墮惡道　願今為解說
是无量菩薩　云何於少時　教化令發心　而住不退地

妙法蓮華經如來壽量品第十六

尒時佛告諸菩薩及一切大衆諸善男子汝
等當信解如來誠諦之語復告大衆汝等
當解如來誠諦之語又復告諸大衆汝等
當信解如來誠諦之語是時菩薩大衆弥勒
為首合掌白佛言世尊唯願說之我等當信
受佛語如是三白已復言唯願說之我等當信
受佛語尒時世尊知諸菩薩三請不止而告
之言汝等諦聽如來祕密神通之力一切世

聞天人及阿脩羅皆言今釋迦牟尼佛出釋
氏宮去伽耶城不遠坐於道場得阿耨多羅
三藐三菩提然善男子我實成佛已來无量
无邊百千万億那由他劫譬如五百千万億那
由他阿僧祇三千大千世界假使有人末為
微塵過於東方五百千万億那由他阿僧祇
國乃下一塵如是東行盡是微塵諸善男
子於意云何是諸世界可得思惟挍計知
其數不弥勒菩薩等俱白佛言世尊是諸世
界无量无邊非筭數所知亦非心力所及一切
聲聞辟支佛以无漏智不能思惟知其限數
我等住阿惟越致地於是事中亦所不達世
尊如是諸世界无量无邊尒時佛告大菩薩
衆諸善男子今當分明宣語汝等是諸世界

衆諸善男子今當分明宣語汝等是諸世界
若著微塵及不著者盡以爲塵一塵一劫我
成佛已来復過於此百千万億那由他阿僧
祇劫自從是来我常在此娑婆世界説法教
化亦於餘處百千万億那由他阿僧祇國導
利衆生諸善男子於是中間我説燃燈佛
等又復言其入於涅槃如是皆以方便分別諸
善男子若有衆生来至我所我以佛眼觀其
信等諸根利鈍隨所應度處處自説名字
不同年紀大小亦復現言當入涅槃又以種種
方便説微妙法能令衆生發歡喜心諸善
男子如来見諸衆生樂於小法德薄垢重者
爲是人説我少出家得阿耨多羅三藐三菩
提然我實成佛已来久遠若斯但以方便教

化衆生令入佛道作如是說諸善男子如来
所演經典皆爲度脫衆生或說己身或說他
身或示己身或示他身或示己事或示他事諸
所言說皆實不虛所以者何如来如實知見
三界之相无有生死若退若出亦无在世及
滅度者非實非虛非如非異不如三界見於
三界如斯之事如来明見无有錯謬以諸衆
生有種種性種種欲種種行種種憶想分別
故欲令生諸善根以若干因緣譬喻言辭種
種說法所作佛事未曾暫廢如是我成佛已
来甚大久遠壽命无量阿僧祇劫常住不滅
諸善男子我本行菩薩道所成壽命今猶
未盡復倍上數然今非實滅度而便唱言當
取滅度如来以是方便教化衆生所以者何

BD00570　妙法蓮華經卷五

取滅度如來以是方便教化衆生所以者何
若佛久住於世薄德之人不種善根貧窮下
賤貪著五欲入於憶想妄見網中若見如來
常在不滅便起憍恣而懷猒怠不能生難遭
之想恭敬之心是故如來以方便說比丘當知
諸佛出世難可值遇所以者何諸薄德人過
无量百千万億劫或有見佛或不見者以此
事故我作是言諸比丘如來難可得見斯衆
生等聞如是語必當生於難遭之想心懷戀
慕渴仰於佛便種善根是故如來雖不實
滅而言滅度又善男子諸佛如來法皆如是
為度衆生皆實不虛辟如良醫智慧聰達
明練方藥善治衆病其人多諸子息若十二
十乃至百數以有事緣遠至餘國諸子於後

飲他毒藥藥發悶亂宛轉于地是時其父還
來歸家諸子飲毒或失本心或不失者遥見
其父皆大歡喜拜跪問訊善安隱歸我等
愚癡誤服毒藥願見救療更賜壽命父見
子等苦惱如是依諸經方求好藥草色香美
味皆悉具足擣篩和合與子令服而作是言
此大良藥色香美味皆悉具足汝等可服速
除苦惱无復衆患其諸子中不失心者見此
良藥色香俱好即便服之病盡除愈餘失心
者見其父來雖亦歡喜問訊求索治病然與
其藥而不肯服所以者何毒氣深入失本心
故於此好色香藥而謂不美父作是念此子
可愍為毒所中心皆顛倒雖見我喜求索救
療如是好藥而不肯服我今當設方便令服

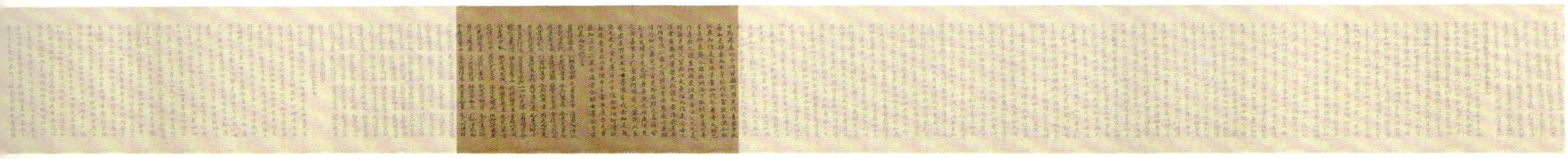

可愍為毒所中心皆顛倒雖見我喜求索救
療如是好藥而不肯服我今當設方便令服
此藥即作是言汝等當知我今衰老死時已
至是好良藥今留在此汝可取服勿憂不差
作是教已復至他國遣使還告汝父已死是
時諸子聞父背喪心大憂惱而作是念若父
在者慈愍我等能見救護今者捨我遠喪
他國自惟孤露无復恃怙常懷悲感心遂醒
悟乃知此藥色味香美即取服之毒病皆
愈其父聞子悉已得差尋便來歸咸使見
之諸善男子於意云何頗有人能說此良
醫虛妄罪不不也世尊佛言我亦如是成
佛已來无量无邊百千万億那由他阿僧祇
劫為衆生故以方便力言當滅度亦无有

能如法說我虛妄過者尒時世尊欲重宣
此義而說偈言
自我得佛來　所經諸劫數　无量百千万　億載阿僧祇
常說法教化　无數億衆生　令入於佛道　尒來无量劫
為度衆生故　方便現涅槃　而實不滅度　常住此說法
我常住於此　以諸神通力　令顛倒衆生　雖近而不見
衆見我滅度　廣供養舍利　咸皆懷戀慕　而生渴仰心
衆生既信伏　質直意柔軟　一心欲見佛　不自惜身命
時我及衆僧　俱出靈鷲山　我時語衆生　常在此不滅
以方便力故　現有滅不滅　餘國有衆生　恭敬信樂者
我復於彼中　為說无上法　汝等不聞此　但謂我滅度
我見諸衆生　沒在於苦惱　故不為現身　令其生渴仰
因其心戀慕　乃出為說法　神通力如是　於阿僧祇劫
常在靈鷲山　及餘諸住處　衆生見劫盡　大火所燒時

[illegible]
常在靈鷲山　及餘諸住處　衆生見劫盡　大火所燒時
我此土安隱　天人常充滿　園林諸堂閣　種種寶莊嚴
寶樹多華菓　衆生所遊樂　諸天擊天鼓　常作衆伎樂
雨曼陁羅華　散佛及大衆　我淨土不毀　而衆見燒盡
憂怖諸苦惱　如是悉充滿　是諸罪衆生　以惡業因緣
過阿僧祇劫　不聞三寶名　諸有修功德　柔和質直者
則皆見我身　在此而說法　或時為此衆　說佛壽无量
久乃見佛者　為說佛難值　我智力如是　慧光照无量
壽命无數劫　久修業所得　汝等有智者　勿於此生疑
當斷令永盡　佛語實不虛　如醫善方便　為治狂子故
實在而言死　无能說虛妄　我亦為世父　救諸苦患者
為凡夫顛倒　實在而言滅　以常見我故　而生憍恣心
放逸著五欲　墮於惡道中　我常知衆生　行道不行道
隨應所可度　為說種種法　每自作是意　以何令衆生

得入无上道　速成就佛身

妙法蓮華經分別功德品第十七

尒時大會聞佛説壽命劫數長遠如是无量
无邊阿僧祇衆生得大饒益於時世尊告弥
勒菩薩摩訶薩阿逸多我説是如來壽命長
遠時六百八十万億那由他恒河沙衆生得无
生法忍復千倍菩薩摩訶薩得聞持陁羅尼
門復有一世界微塵數菩薩摩訶薩得樂説
无礙辯才復有一世界微塵數菩薩摩訶薩
得百万億无量旋陁羅尼復有三千大千世
界微塵數菩薩摩訶薩能轉不退法輪復
有二千中國土微塵數菩薩摩訶薩能轉清
淨法輪復有小千國土微塵數菩薩摩訶薩
八生當得阿耨多羅三藐三菩提復有四四

BD00570　妙法蓮華經卷五

八生當得阿耨多羅三藐三菩提復有四四
天下微塵數菩薩摩訶薩四生當得阿耨多
羅三藐三菩提復有三四天下微塵數菩薩
摩訶薩三生當得阿耨多羅三藐三菩提復
有二四天下微塵數菩薩摩訶薩二生當得
阿耨多羅三藐三菩提復有一四天下微塵
數菩薩摩訶薩一生當得阿耨多羅三藐三
菩提復有八世界微塵數衆生皆發阿耨多
羅三藐三菩提心佛說是諸菩薩摩訶薩得
大法利時於虚空中雨曼陁羅華摩訶曼陁
羅華以散无量百千万億寶樹下師子座上
諸佛并散七寶塔中師子座上釋迦牟尼佛
及久滅度多寶如来亦散一切諸大菩薩及
四部衆又雨細末栴檀沉水香等於虚空中

天鼓自鳴妙聲深遠又雨千種天衣垂諸瓔
珞真珠瓔珞摩尼珠瓔珞如意珠瓔珞遍於
九方衆寶香爐燒无價香自然周至供養大
會一一佛上有諸菩薩執持幡蓋次第而上
至于梵天是諸菩薩以妙音聲歌无量頌讚
歎諸佛尒時彌勒菩薩從座而起偏袒右肩
合掌向佛而說偈言
佛說希有法　昔所未曾聞　世尊有大力　壽命不可量
无數諸佛子　聞世尊分別　說得法利者　歡喜充遍身
或住不退地　或得陀羅尼　或无礙樂說　万億旋總持
或有大千界　微塵數菩薩　各各皆能轉　不退之法輪
或有中千界　微塵數菩薩　各各皆能轉　清淨之法輪
復有小千界　微塵數菩薩　餘各八生在　當得成佛道
復有四三二　如是四天下　微塵諸菩薩　隨數生成佛

BD00570　妙法蓮華經卷五

復有四三二　如是四天下　微塵諸菩薩　隨數生成佛
或一四天下　微塵數菩薩　餘有一生在　當成一切智
如是等衆生　聞佛壽長遠　得无量无漏　清淨之果報
復有八世界　微塵數衆生　聞佛說壽命　皆發无上心
世尊說无量　不可思議法　多有所饒益　如虛空无邊
雨天曼陁羅　摩訶曼陁羅　釋梵如恒沙　无數佛土來
雨栴檀沉水　繽紛而亂墜　如鳥飛空下　供散於諸佛
天鼓虛空中　自然出妙聲　天衣千万種　旋轉而來下
衆寶妙香爐　燒无價之香　自然悉周遍　供養諸世尊
其大菩薩衆　執七寶幡蓋　高妙万億種　次第至梵天
一一諸佛前　寶幢懸勝幡　亦以千万偈　歌詠諸如來
如是種種事　昔所未曾有　聞佛壽无量　一切皆歡喜
佛名聞十方　廣饒益衆生　一切具善根　以助无上心
尒時佛告弥勒菩薩摩訶薩阿逸多其有衆

生聞佛壽命長遠如是乃至能生一念信解
所得功德无有限量若有善男子善女人爲
阿耨多羅三藐三菩提於八十万億那由他
劫行五波羅蜜檀波羅蜜尸羅波羅蜜羼
提波羅蜜毗梨耶波羅蜜禪波羅蜜除般若
波羅蜜以是功德比前功德百分千分百千万
億分不及其一乃至筭數譬喻所不能知若
善男子有如是功德於阿耨多羅三藐三菩
提退者无有是處尒時世尊欲重宣此義而
說偈言
若人求佛慧　於八十万億　那由他劫數　行五波羅蜜
於是諸劫中　布施供養佛　及緣覺弟子　并諸菩薩衆
珎異之飲食　上服與卧具　栴檀立精舍　以園林莊嚴
如是等布施　種種皆微妙　盡此諸劫數　以迴向佛道

珍異之飲食　上服與卧具　栴檀立精舍　以園林莊嚴
如是等布施　種種皆微妙　盡此諸劫數　以迴向佛道
若復持禁戒　清淨无缺漏　求於无上道　諸佛之所歎
若復行忍辱　住於調柔地　設衆惡來加　其心不傾動
諸有得法者　懷於增上慢　為此所輕惱　如是亦能忍
若復勤精進　志念常堅固　於无量億劫　一心不懈息
又於无數劫　住於空閑處　若坐若經行　除睡常攝心
以是因緣故　能生諸禪定　八十億万劫　安住心不亂
持此一心福　願求无上道　我得一切智　盡諸禪定際
是人於百千　万億劫數中　行此諸功德　如上之所說
有善男女等　聞我說壽命　乃至一念信　其福過於彼
若人悉无有　一切諸疑悔　深心須臾信　其福為如此
其有諸菩薩　无量劫行道　聞我說壽命　是則能信受
如是諸人等　頂受此經典　願我於未來　長壽度衆生

如今日世尊　諸釋中之王　道場師子吼　說法无所畏
我等未來世　一切所尊敬　坐於道場時　說壽亦如是
若有深心者　清淨而質直　多聞能總持　隨義解佛語
如是諸人等　於此无有疑

又阿逸多若有聞佛壽命長遠解其言趣是人所得功德无有限量能起如來无上之慧何況廣聞是經若教人聞若自持若教人持若自書若教人書若以華香瓔珞幢幡繒蓋香油蘇燈供養經卷是人功德无量无邊能生一切種智阿逸多若善男子善女人聞我說壽命長遠深心信解則為見佛常在耆闍崛山共大菩薩諸聲聞眾圍繞說法又見此娑婆世界其地瑠璃坦然平正閻浮檀金以界八道寶樹行列諸臺樓觀皆悉寶成其

界八道寶樹行列諸臺樓觀皆悉寶成其
菩薩眾咸處其中若有能如是觀者當知是
為深信解相又復如來滅後若聞是經而不毀
呰起隨喜心當知已為深信解相何況讀誦
受持之者斯人則為頂戴如來阿逸多是善
男子善女人不須為我復起塔寺及作僧坊
以四事供養眾僧所以者何是善男子善女
人受持讀誦是經典者為已起塔造立僧坊
供養眾僧則為以佛舍利起七寶塔高廣漸
小至于梵天懸諸幡蓋及眾寶鈴華香瓔珞
末香塗香燒香眾鼓伎樂簫笛箜篌種種
儛戲以妙音聲歌唄讚頌則為於無量千万
億劫作是供養已阿逸多若我滅後聞是經
典有能受持若自書若教人書則為起立僧

坊以赤栴檀作諸殿堂三十有二高八多羅樹
高廣嚴好百千比丘於其中止園林流池經
行禪窟衣服飲食床褥湯藥一切樂具充滿
其中如是僧坊堂閣若干百千万億其數无
量以此現前供養於我及比丘僧是故我說
如來滅後若有受持讀誦為他人說若自書
若教人書供養經卷不須復起塔寺及造僧
坊供養衆僧況復有人能持是經兼行布施
持戒忍辱精進一心智慧其德最勝无量无
邊譬如虛空東西南北四維上下无量无邊是
人功德亦復如是无量无邊疾至一切種智若
人讀誦受持是經為他人說若自書若教人
書復能起塔及造僧坊供養讚歎聲聞
衆僧亦以百千万億讚歎之法讚歎菩薩功

衆僧亦以百千万億讚歎之法讚歎菩薩功
德又為他人種種因緣隨義解說此法華經
復能清淨持戒與柔和者而共同止忍辱无
瞋志念堅固常貴坐禪得諸深定精進勇
猛攝諸善法利根智慧善答問難阿逸多
若我滅後諸善男子善女人受持讀誦是經
典者復有如是諸善功德當知人已趣道場
近阿耨多羅三藐三菩提坐道樹下阿逸多
是善男子若坐若立若行處此中便應起塔
一切天人皆應供養如佛之塔爾時世尊欲重
宣此義而說偈言
若我滅度後　能奉持此經　斯人福无量　如上之所說
是則為具足　一切諸供養　以舍利起塔　七寶而莊嚴
表刹甚高廣　漸小至梵天　寶鈴千万億　風動出妙音

又於无量劫 而供養此塔 華香諸瓔珞 天衣衆伎樂
燃香油蘇燈 周帀常照明 惡世法末時 能持是經者
則為已如上 具足諸供養 若能持此經 則如佛現在
以牛頭栴檀 起僧坊供養 堂有三十二 高八多羅樹
上饌妙衣服 床卧皆具足 百千衆住處 園林諸流池
經行及禪窟 種種皆嚴好 若有信解心 受持讀誦書
若復教人書 及供養經卷 散華香末香 以須曼瞻蔔
阿提目多伽 薰油常燃之 如是供養者 得无量功德
如虛空无邊 其福亦如是 況復持此經 兼布施持戒
忍辱樂禪定 不瞋不惡口 恭敬於塔廟 謙下諸比丘
遠離自高心 常思惟智慧 有問難不瞋 隨順為解說
若能行是行 功德不可量 若見此法師 成就如是德
應以天華散 天衣覆其身 頭面接足礼 生心如佛想
又應作是念 不久詣道樹 得无漏无為 廣利諸天人

又應作是念　不久詣道樹　得无漏无為　廣利諸天人
其所住止處　經行若坐卧　乃至説一偈　是中應起塔
莊嚴令妙好　種種以供養　佛子住此地　則是佛受用
常在於其中　經行及坐卧

妙法蓮華經卷第五

BD00571 維摩詰所說經卷中

（後秦）鳩摩羅什 譯

838.5cm×26.5cm

行諸法不生不滅而以相好莊嚴其身是菩薩
行雖現聲聞辟支佛威儀而不捨佛法是菩
薩行雖隨諸法究竟淨相而隨所應為現
其身是菩薩行雖觀諸佛國土永寂如空
而現種種清淨佛土是菩薩行雖得佛道轉
于法輪入於涅槃而不捨於菩薩之道是菩
薩行說是語時文殊師利所將大眾其中八
千天子皆發阿耨多羅三藐三菩提心
不思議品第六
尒時舍利弗見此室中无有床座作是念斯
諸菩薩大弟子眾當於何坐長者維摩詰知
其意語舍利弗言云何仁者為法來耶求床
耶舍利弗言我為法來非為床座維摩詰

言唯舍利弗夫求法者不貪軀命何况床座
夫求法者非有色受想行識之求非有界入
之求非有欲色无色之求唯舍利弗夫求法
者不著佛求不著法求不著衆求夫求法者
无見苦求无斷集求无造盡證修道之求所
以者何法无戲論若言我當見苦斷集證滅
修道是則戲論非求法也唯舍利弗法名寂
滅若行生滅是求生滅非求法也法名无染
若染於法乃至涅槃是則染著非求法也法
无行處若行於法是則行處非求法也法无
處所若著處所是則著處非求法也法名无
相若隨相識是則求相非求法也法不可住若
住於法是則住法非求法也法不可見聞覺
知若行見聞覺知是則見聞覺知非求法也

住於法是則住法非求法也法不可見聞覺
知若行見聞覺知是則見聞覺知非求法也
法名无為若行有為是求有為非求法也是
故舍利弗若求法者於一切法應无所求說
是語時五百天子於諸法中得法眼淨
尒時長者維摩詰問文殊師利仁者遊於无
量千万億阿僧祇國何等佛土有好上妙功
德成就師子之座文殊師利言居士東方度
卅六恒河沙國有世界名須弥相其佛号須弥
燈王今現在彼佛身長八万四千由旬其師
子座高八万四千由旬嚴飾第一於是長者
維摩詰現神通力即時彼佛遣三万二千
師子座高廣嚴好來入維摩詰室諸菩薩
大弟子釋梵四天王等昔所未見其室廣博

悉皆容受三万二千師子座无所妨礙於毗
耶離城及閻浮提四天下亦不廹迮悉見如
故尒時維摩詰語文殊師利就師子座與諸
菩薩上人俱坐當自立身如彼坐像其得神
通菩薩即自變身為四万二千由旬坐師子
座諸新發意菩薩及大弟子皆不能昇尒
時維摩詰語舍利弗就師子座舍利弗言居士
此座高廣吾不能昇維摩詰言唯舍利弗為
須弥燈王如来作礼乃可得坐於是新發意
菩薩及大弟子即為須弥燈王如来作礼便
得坐師子座舍利弗言居士未曾有也如是
小室乃容受此高廣之座於毗耶離城无所妨
礙又於閻浮提聚落城邑及四天下諸天龍王
鬼神宮殿亦不廹迮維摩詰言唯舍利弗諸

鬼神宮殿亦不迫迮維摩詰言唯舍利弗諸
佛菩薩有解脫名不可思議若菩薩住是
解脫者以須弥之高廣內芥子中无所增减
須弥山王本相如故而四天王忉利諸天不覺
不知己之所入唯應度者乃見須弥入芥子中
是名不可思議解脫法門又以四大海水入一
毛孔不嬈魚鼈黿鼉水性之屬而彼大海本
相如故諸龍鬼神阿脩羅等不覺不知己之所
入於此衆生亦无所嬈又舍利弗住不可思
議解脫菩薩斷取三千大千世界如陶家
輪著右掌中擲過恒河沙世界之外其中衆
生不覺不知己之所住又復還置本處都不
使人有往來想而此世界本相如故又舍利

弗或有衆生樂久住世而可度者菩薩即演
七日以為一劫令彼衆生謂之一劫或有衆
生不樂久住而可度者菩薩即促一劫以為
七日令彼衆生謂之七日又舍利弗住不可
思議解脫菩薩以一切佛土嚴飾之事集在
一国示於衆生又菩薩以一佛土衆生置之
右掌飛到十方遍示一切而不動本處又
舍利弗十方衆生供養諸佛之具菩薩於一
毛孔皆令得見又十方国土所有日月星宿
於一毛孔普使見之又舍利弗十方世界所有
諸風菩薩悉能吸著口中而身无損外諸樹
木亦不摧折又十方世界劫盡燒時以一切火
內於腹中火事如故而不為害又於下方過恒
河沙等諸佛世界取一佛土舉著上方過恒河

內於腹中火事如故而不為害又於下方過恒
河沙等諸佛世界取一佛土舉著上方過恒河
沙无數世界如持針鋒舉一棗葉而无所嬈又
舍利弗住不可思議解脫菩薩能以神通現
作佛身或現辟支佛身或現聲聞身或現帝
釋身或現梵王身或現世主身或現轉輪王
身又十方世界所有衆聲上中下音皆能變
之令作佛聲演出无常苦空无我之音及十
方諸佛所說種種之法皆於其中普令得
聞舍利弗我今略說菩薩不可思議解脫之
力若廣說者窮劫不盡是時大迦葉聞說
菩薩不可思議解脫法門歎未曾有謂舍
利弗譬如有人於盲者前現衆色像非彼
所見一切聲聞聞是不可思議解脫法門不

能解了為若此也智者聞是其誰不發阿
耨多羅三藐三菩提心我等何為永絕其
根於此大乘已如敗種一切聲聞聞是不可思
議解脫法門皆應號泣聲震三千大千世界
一切菩薩應大喜慶頂受此法若有菩薩
信解不可思議解脫門者一切魔眾无如之何大
迦葉說是語時三万二千天子皆發阿耨多
羅三藐三菩提心
尒時維摩詰語大迦葉仁者十方无量阿僧
祇世界中作魔王者多是住不可思議解脫
菩薩以方便力教化眾生現作魔王又迦葉
十方无量菩薩或有人從乞手足耳鼻頭目
髓腦血肉皮骨聚落城邑妻子奴婢象馬車
乘金銀瑠璃車𤦲馬瑙珊瑚琥珀真珠珂貝

髓腦血肉皮骨聚落城邑妻子奴婢象馬車
乘金銀瑠璃車磲馬瑙珊瑚琥珀真珠珂貝
衣服飲食如此乞者多是住不可思議解脫
菩薩以方便力而往試之令其堅固所以者何
住不可思議解脫菩薩有威德力故行逼迫
示諸衆生如是難事凡夫下劣无有力勢不
能如是逼迫菩薩譬如龍象蹴踏非驢所堪
是名住不可思議解脫菩薩智慧方便之門

觀衆生品第七

尒時文殊師利問維摩詰言菩薩云何觀於
衆生維摩詰言譬如幻師見所幻人菩薩觀
衆生為若此如智者見水中月如鏡中見其
面像如熱時焰如呼聲響如空中雲如水聚
沫如水上泡如芭蕉堅如電久住如第五大如

苐六陰如苐七情如十三入如十九界菩薩觀
衆生為若此如无色界色如焦穀牙須如陁
洹身見如阿那含入胎如阿羅漢三毒如得
忍菩薩貪恚毀禁如佛煩惱習如盲者見
色如入滅盡定出入息如空中鳥跡如石女
兒如化人煩惱如夢所見已悟如滅度者受
身如无烟之火菩薩觀衆生為若此
文殊師利言若菩薩作是觀者云何行慈維
摩詰言菩薩作是觀已自念我當為衆生說
如斯法是即真實慈也行寂滅慈无所生故
行不熱慈无煩惱故行等之慈等三世故行
无諍慈无所起故行不二慈內外不合故行不
壞慈畢竟盡故行堅固慈心无毀故行清淨
慈諸法性淨故行无邊慈如虛空故行阿羅

慈諸法性淨故行无邊慈如虚空故行阿羅
漢慈破結賊故行菩薩慈安衆生故行如来
慈得如相故行佛之慈覺衆生故行自然慈
无因得故行菩提慈等一味故行无等慈斷
諸愛故行大悲慈導以大乘故行无猒慈觀
空无我故行法施慈无遺惜故行持戒慈化
毁禁故行忍辱慈護彼我故行精進慈荷負
衆生故行禪定慈不受味故行智慧慈无不
知時故行方便慈一切示現故行无隱慈直
心清淨故行深心慈无雜行故行无誑慈不
虚假故行安樂慈令得佛樂故菩薩之慈為
若此也
文殊師利又問何謂為悲荅曰菩薩所作功

德皆與一切衆生共之何謂為喜答曰有所
饒益歡喜无悔何謂為捨答曰所作福祐无
所希望文殊師利又問生死有畏菩薩當何
所依維摩詰言菩薩於生死畏中當依如來
功德之力文殊師利又問菩薩欲依如來功德
之力當於何住答曰菩薩欲依如來功德
力者當住度脫一切衆生又問欲度衆生當
何所除答曰欲度衆生除其煩惱又問欲除
煩惱當何所行答曰當行正念又問云何行於
正念答曰當行不生不滅又問何法不生何法
不滅答曰不善不生善法不滅又問善不善
孰為本答曰身為本又問身孰為本答曰
欲貪為本又問欲貪孰為本答曰虛妄分
別為本又問虛妄分別孰為本答曰顛倒想

欲貪為本又問欲貪孰為本答曰虛妄分
別為本又問虛妄分別孰為本答曰顛倒想
為本又問顛倒想孰為本答曰无住為本又
問无住孰為本答曰无住則无本文殊師利
從无住本立一切法
時維摩詰室有一天女見諸大人聞所說法
便現其身即以天華散諸菩薩大弟子上華
至諸菩薩即皆墮落至大弟子便著不墮一
切弟子神力去華不能令去尒時天問舍
利弗何故去華答曰此華不如法是以去之天曰
勿謂此華為不如法所以者何是華无所分別
仁者自生分別想耳若於佛法出家有所分
別為不如法若无分別是則如法觀諸菩薩
華不著者以斷一切分別想故譬如人畏時

非人得其便如是弟子畏生死故色聲香味
觸得其便已離畏者一切五欲无能為也結
習未盡華著身耳結習盡者華不著也舍
利弗言天止此室其已久如答曰我止此室
如耆年解脫舍利弗言止此久耶天曰耆年
解脫亦何久如舍利弗默然不答天曰如何
耆舊大智而默答曰解脫者无所言說故吾
於是不知所云天曰言說文字皆解脫相所
以者何解脫者不內不外不在兩間文字亦
不內不外不在兩間是故舍利弗无離文字
說解脫也所以者何一切諸法皆解脫相舍
利弗言不復以離婬怒癡為解脫乎天曰佛
為增上慢人說離婬怒癡為解脫耳若无增
上慢者佛說婬怒癡性即是解脫舍利弗言

上慢者佛説婬怒癡性即是解脱舍利弗言
善哉善哉天女汝何所得以何為證辯乃如
是天曰我无得无證故辯如是所以者何若
有得有證者則於佛法為增上慢
舍利弗問天汝於三乘為何志求天曰以聲
聞法化衆生故我為聲聞以因緣法化衆生故
我為辟支佛以大悲化衆生故我為大乘
舍利弗如人入瞻蔔林唯齅瞻蔔不齅餘香
如是若入此室但聞佛法功德之香不樂聲
聞辟支佛功德香也舍利弗其有釋梵四天
王諸天龍鬼神等入此室者聞斯上人講説
正法皆樂佛功德之香發心而出舍利弗吾止
此室十有二年初不聞説聲聞辟支佛法但

聞菩薩大慈大悲不可思議諸佛之法舍利
弗此室常現八未曾有難得之法何等為八
此室常以金色光照晝夜无異不以日月所
照為明是為一未曾有難得之法此室入者
不為諸垢之所惱也是為二未曾有難得之
法此室常有釋梵四天王他方菩薩來會不
絕是為三未曾有難得之法此室常說六
波羅蜜不退轉法是為四未曾有難得之法
此室常作天人第一之樂絃出无量法化之聲
是為五未曾有難得之法此室有四大衆藏
寶積滿周窮濟之求得无盡是為六未曾
有難得之法此室釋迦牟尼佛阿弥陀佛阿
閦佛寶德佛寶炎寶月寶嚴難勝師子響一
切利成如是等十方无量諸佛是上人念時即

閦佛寶德佛寶炎寶月寶嚴難勝師子響一
切利成如是等十方无量諸佛是上人念時即
皆為来廣說諸佛秘要法藏說已還去是為
七未曾有難得之法此室一切諸天嚴飾宮殿
諸佛淨土皆於中現是為八未曾有難得
之法舍利弗此室常現八未曾有難得之法
誰有見斯不思議事而復樂於聲聞法乎舍
利弗言汝何以不轉女身天曰我從十二年来
求女人相了不可得當何所轉譬如幻師化作
幻女若有人問言何以不轉女身是人為正問不
舍利弗言不也幻无定之相當何所轉天曰一切諸
法亦復如是无有定之相云何乃問不轉女身
即時天女以神通力變舍利弗身令如天女天
自化身如舍利弗而問言何以不轉女身舍

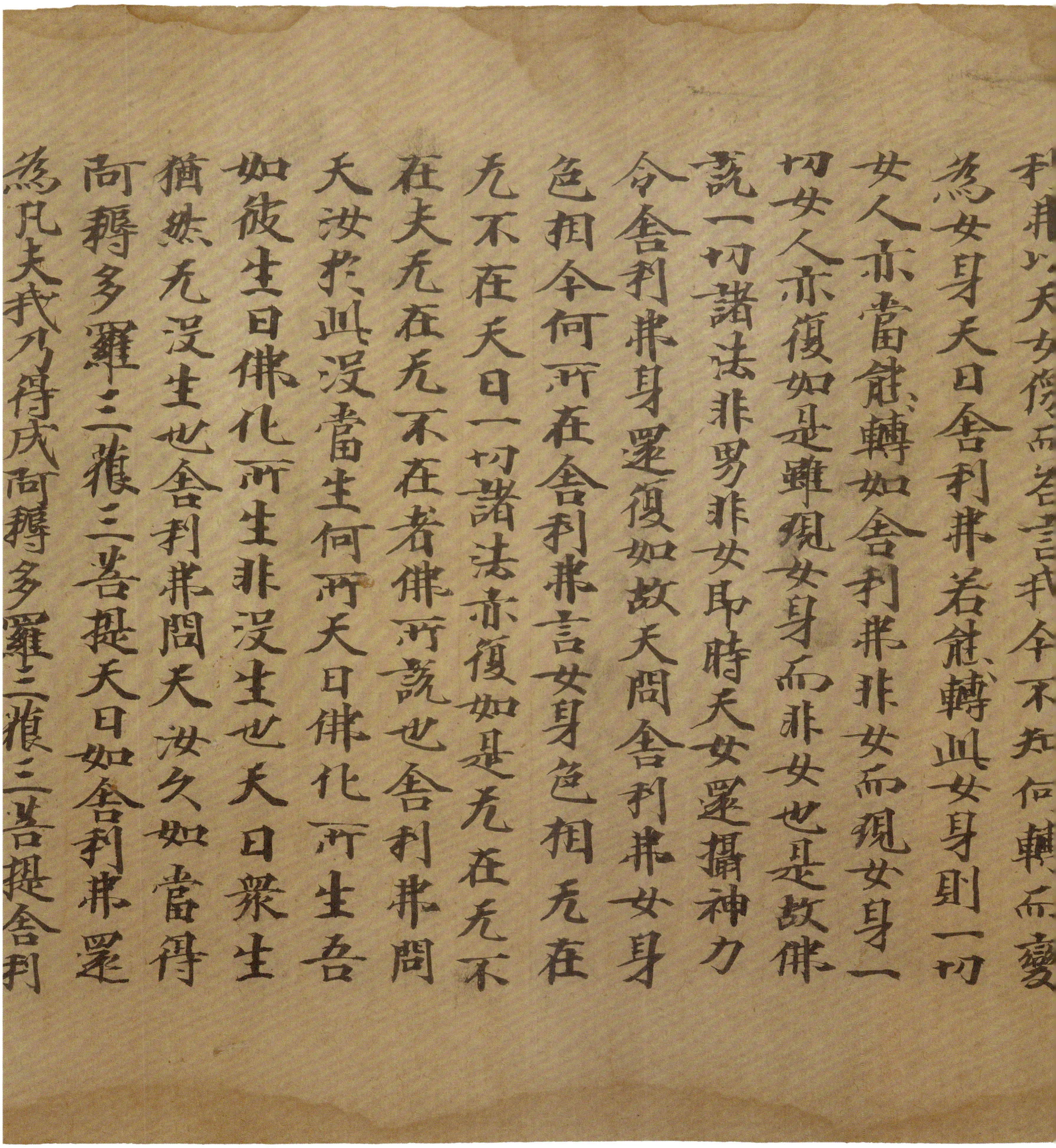

利弗以天女像而答言我今不知何轉而變
為女身天曰舍利弗若能轉此女身則一切
女人亦當能轉如舍利弗非女而現女身一
切女人亦復如是雖現女身而非女也是故佛
說一切諸法非男非女即時天女還攝神力
令舍利弗身還復如故天問舍利弗女身
色相今何所在舍利弗言女身色相无在
无不在天曰一切諸法亦復如是无在无不
在夫无在无不在者佛所說也舍利弗問
天汝於此沒當生何所天曰佛化所生吾
如彼生曰佛化所生非沒生也天曰眾生
猶然无沒生也舍利弗問天汝久如當得
阿耨多羅三藐三菩提天曰如舍利弗還
為凡夫我乃得成阿耨多羅三藐三菩提舍利

[illegible]
為凡夫我乃得成阿耨多羅三藐三菩提舍利
弗言我作凡夫无有是處天曰我得阿耨多
羅三藐三菩提亦无是處所以者何菩提无
住處是故无有得者舍利弗言今諸佛得阿
耨多羅三藐三菩提已得當得今得如恒河
沙皆謂乎天曰皆以世俗文字數故說有三
世非謂菩提有去來今天曰舍利弗汝得
阿羅漢道耶曰无所得故而得天曰諸佛菩
薩亦復如是无所得故而得尒時維摩詰語
舍利弗是天女曾已供養九十二億佛已能
遊戲菩薩神通所願具足得无生忍住不
退轉以本願故隨意能現教化衆生
弗[illegible]第八

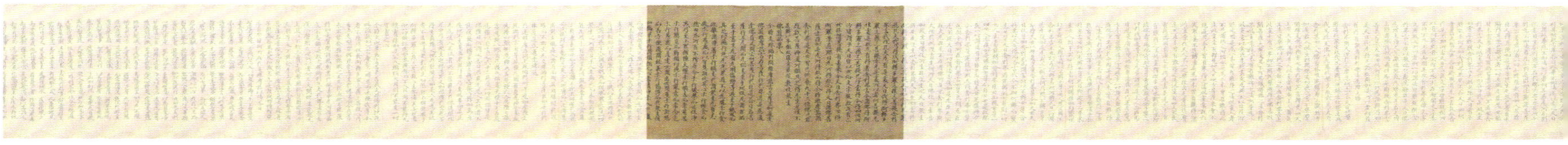

尒時文殊師利問維摩詰言菩薩云何通達
佛道維摩詰言若菩薩行於非道是為通
達佛道又問云何菩薩行於非道答曰若菩
薩行五无間而无惱恚至于地獄无諸罪垢
至于畜生无有无明憍慢等過至于餓鬼而
具足功德行色无色界道不以為勝示行貪
欲離諸染著示行瞋恚於諸衆生无有恚
礙示行愚癡而以智慧調伏其心示行慳貪而
捨内外所有不惜身命示行毀禁而安住淨
戒乃至小罪猶懷大懼示行瞋恚而常慈忍
示行懈怠而勤脩功德示行亂意而常念定
示行愚癡而通達世間出世間慧示行諂偽
而善方便隨諸經義示行憍慢而於衆生猶
如橋梁示行諸煩惱而心常清淨示入於魔

而善方便隨諸經義示行憍慢而於衆生猶
如橋梁示行諸煩惱而心常清淨示入於魔
而順佛智慧不隨他教示入聲聞而為衆生
說未聞法示入辟支佛而成就大悲教化衆
生示入貧窮而有寶手功德无盡示入形殘而
具諸相好以自莊嚴示入下賤而生佛種性中
具諸功德示入羸劣醜陋而現那羅延身一切
衆生之所樂見示入老病而永斷病根超
越死畏示有資生而恒觀无常无所貪者
示有妻妾婇女而常遠離五欲淤泥現於訥鈍
而成就辯才摠持无失示入邪濟而以正濟度
諸衆生現遍入諸道而斷其因緣現於涅
槃而不斷生死文殊師利菩薩能如是行於
非道是為通達佛道

於是維摩詰問文殊師利何等為如來種文
殊師利言有身為種无明有愛為種貪恚癡
為種四顛倒為種五蓋為種六入為種七識
處為種八耶法為種九惱處為種十不善道
為種以要言之六十二見及一切煩惱皆是
佛種曰何謂也荅曰若見无為入正位者不
能復發阿耨多羅三藐三菩提心譬如高原
陸地不生蓮華卑濕汙泥乃生此華如是見
无為法入正位者終不復能生於佛法煩惱
泥中乃有衆生起佛法耳又如殖種於空終不
得生糞壤之地乃能滋茂如是入无為正位
者不生佛法起於我見如須弥山猶能發于
阿耨多羅三藐三菩提心生佛法矣是故當
知一切煩惱為如來種譬如不入巨海不能得无

[illegible]
知一切煩惱為如来種譬如不入巨海不能得无
價寶珠如是不入煩惱大海則不能生一切
智寶之心
尒時大迦葉歎言善哉善哉文殊師利快說
此語誠如所言塵勞之疇為如来種我等今
者不復堪任發阿耨多羅三藐三菩提心乃
至五无間罪猶能發意生於佛法而今我等
永不能發譬如根敗之士其於五欲不能復
利如是聲聞諸結斷者於佛法中无所復益
永不志願是故文殊師利凡夫於佛法有反
復而聲聞无也所以者何凡夫聞佛法能起无
上道心不斷三寶正使聲聞終身聞佛法力
无畏等永不能發无上道意尒時會中有

菩薩名普現色身問維摩詰言居士父母妻
子親戚眷屬吏民知識悉為是誰奴婢僮僕象
馬車乘皆何所在於是維摩詰以偈答曰
智度菩薩母　方便以為父　一切衆導師　无不由是生
法喜以為妻　慈悲心為女　善心誠實男　畢竟空寂舍
弟子衆塵勞　隨意之所轉　道品善知識　由是成正覺
諸度法等侶　四攝為妓女　歌詠誦法言　以此為音樂
總持之園苑　无漏法林樹　覺意淨妙華　解脫智慧果
八解之浴池　定水湛然滿　布以七淨華　浴此无垢人
象馬五通馳　大乘以為車　調御以一心　遊於八正路
相具以嚴容　衆好飾其姿　慚愧之上服　深心為華鬘
富有七財寶　教授以滋息　如所說脩行　迴向為大利
四禪為床座　從於淨命生　多聞增智慧　以為自覺音
甘露法之食　解脫味為漿　淨心以澡浴　戒品為塗香

四禪為床座　從於淨命生　多聞增智慧　以為自覺音
甘露法之食　解脫味為漿　淨心以澡浴　戒品為塗香
摧滅煩惱賊　勇健无能踰　降伏四種魔　勝幡建道場
雖知无起滅　示彼故有生　悉現諸國土　如日无不現
供養於十方　无量億如來　諸佛及己身　无有分別想
雖知諸佛國　及與衆生空　而常脩淨土　教化於群生
諸有衆生類　形聲及威儀　无畏力菩薩　一時能盡現
覺知衆魔事　而示隨其行　以善方便智　隨意皆能現
或示老病死　成就諸群生　了知如幻化　通達无有礙
或現劫盡燒　天地皆洞然　衆人有常想　照令知无常
无數億衆生　俱來請菩薩　一時到其舍　化令向佛道
經書禁呪術　工巧諸伎藝　盡現行此事　饒益諸群生
世間衆道法　悉於中出家　因以解人惑　而不墮耶見
或作日月天　梵王世界主　或時作地水　或復作風火

劫中有疾疫　現作諸藥草　若有服之者　除病消衆毒
劫中有飢饉　現身作飲食　先救彼飢渴　却以法語人
劫中有刀兵　為之起慈悲　化彼諸衆生　令住无諍地
若有大戰陣　立之以等力　菩薩現威勢　降伏使和安
一切國土中　諸有地獄處　輒往到于彼　勉濟諸苦惱
一切國土中　畜生相噉食　皆現生於彼　為之作利益
示受於五欲　亦復現行禪　令魔心憒亂　不能得其便
火中生蓮華　是可謂希有　在欲而行禪　希有亦如是
或現作婬女　引諸好色者　先以欲鉤牽　後令入佛智
或為邑中主　或作商人導　國師及大臣　以祐利衆生
諸有貧窮者　現作无盡藏　因以勸導之　令發菩提心
我心憍慢者　為現大力士　消伏諸貢高　令住佛上道
其有恐懼者　居前而安慰　先施以无畏　後令發道心
或現離婬欲　為五通仙人　開導諸群生　令住戒忍慈

其有恐懼者　居前而安慰　先施以无畏　後令發道心
或現離婬欲　為五通仙人　開導諸群生　令住戒忍慈
見須供事者　現為作僮僕　既悅可其意　乃發以道心
隨彼之所須　得入於佛道　以善方便力　皆能給足之
如是道无量　所行无有涯　智慧无邊際　度脫无數眾
假令一切佛　於无數億劫　讚歎其功德　猶尚不能盡
誰聞如是法　不發菩提心　除彼不肖人　癡冥无智者

入不二法門品第九

尒時維摩詰謂眾菩薩言諸仁者云何菩薩入不二法門各隨所樂說之會中有菩薩名法自在說言諸仁者生滅為二法本不生今則无滅得此无生法忍是為入不二法門德首菩薩曰我我所為二因有我故便有我所若无有我則无我所是為入不二法門

不眴菩薩曰受不受為二若法不受則不可
得以不可得故无取无捨无作无行是為入不二
法門
德頂菩薩曰垢淨為二見垢實性則无淨相
順於滅相是為入不二法門
善宿菩薩曰是動是念為二不動則无念无
念則无分別通達此者是為入不二法門
善眼菩薩曰一相无相為二若知一相即是
无相亦不取无相入於平等是為入不二法門
妙臂菩薩曰菩薩心聲聞心為二觀心相空
如幻化者无菩薩心无聲聞心是為入不二法
門
弗沙菩薩曰善不善為二若不起善不善入
无相際而通達者是為入不二法門

无相際而通達者是爲入不二法門
師子菩薩曰罪福爲二若達罪性則與福无
異以金剛慧決了此相无縛无解者是爲入
不二法門
師子意菩薩曰有漏无漏爲二若得諸法等
則不起漏不漏想不著於相亦不住无相是
爲入不二法門
淨解菩薩曰有爲无爲爲二若離一切數則
心如虛空以清淨慧无所礙者是爲入不二
法門
那羅延菩薩曰世間出世間爲二世間性空
即是出世間於其中不入不出不溢不散
是爲入不二法門

善意菩薩曰生死涅槃為二若見生死性則
无生死无縛无解不然不滅如是解者是
為入不二法門
現見菩薩曰盡不盡為二法若究竟盡若
不盡皆是无盡相无盡相即是空空則无有
盡不盡相如是入者是為入不二法門
普首菩薩曰我无我為二我尚不可得非我
何可得見我實性者不復起二是為入不二
法門
電天菩薩曰明无明為二无明實性即是
明明亦不可取離一切數於其中平等无二
者是為入不二法門
喜見菩薩曰色色空為二色即是空非色滅
空色性自空如是受想行識識空為二識即

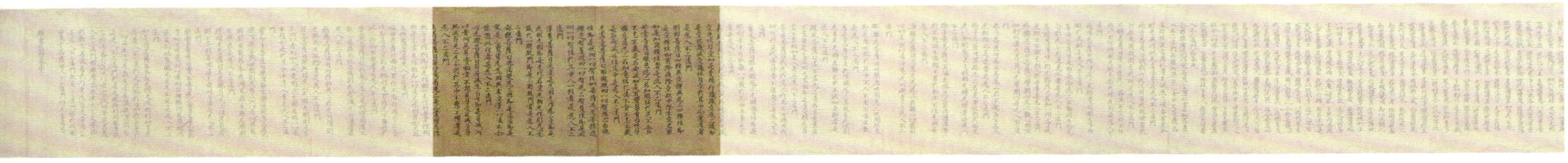

空色性自空如是受想行識識空為二識即
是空非識滅空識性自空於其中而達通者
是為入不二法門
明相菩薩曰四種異空種異為二四種性即
是空種性如前際後際空故中際亦空若能
如是知諸種性者是為入不二法門
妙意菩薩曰眼色為二若知眼性於色不貪
不恚不癡是名寂滅如是耳聲鼻香舌味身
觸意法為二若知意性於法不貪不恚不癡
是名寂滅安住其中是為入不二法門
无盡意菩薩曰布施迴向一切智為二布施
性即是迴向一切智性如是持戒忍辱精進
禪定智慧迴向一切智為二智慧性即是迴

向一切智性於其中入一相者是為入不二
法門
深慧菩薩曰是空是无相无作為二空即是
无相无相即是无作若空无相无作則无心意
識於一解脫門即是三解脫門者是為入不
二法門
寂根菩薩曰佛法衆為二佛即是法法即是
衆是三寶皆无為相與虛空等一切法亦尒
能隨此行者是為入不二法門
心无礙菩薩曰身身滅為二身即是身滅所
以者何見身實相者不起見身及見滅身身
與滅身无二无分別於其中不驚不懼者是
為入不二法門
上善菩薩曰身口意善為二是三業皆无作

為入不二法門
上善菩薩曰身口意善為二是三業皆无作
相身无作相即口无作相口无作相即意无作相
相是三業无作相即一切法无作相能如是隨
无作慧者是為入不二法門
福田菩薩曰福行罪行不動行為二三行實
性即是空空則无福行无罪行无不動行於
此三行而不起者是為入不二法門
華嚴菩薩曰從我起二為二見我實相者不
起二法若不住二法則无有識无所識者是
為入不二法門
德藏菩薩曰有所得相為二若无所得則
无取捨无取捨者是為入不二法門

月上菩薩曰闇與明為二无闇无明則无
二所以者何如入滅受想定无闇无明一切法
亦復如是於其中平等入者是為入不二法
門
寶印手菩薩曰樂涅槃不樂世間為二若不
樂涅槃不猒世間則无有二所以者何若有
縛則有解若本无縛其誰求解无解則
无樂猒是為入不二法門
珠頂王菩薩曰正道耶道為二住正道者
則不分別是耶是正離此二法是為入不二
法門
樂實菩薩曰實不實為二實見者尚不見
實何況非實所以者何非肉眼所見慧眼乃
能見而此慧眼无見无不見是為入不二

樂實菩薩曰實不實為二實見者尚不見
實何況非實所以者何非肉眼所見慧眼乃
能見而此慧眼无見无不見是為入不二
法門
如是諸菩薩各各說已問文殊師利何等是
菩薩入不二法門文殊師利曰如我意者於
一切法无言无說无示无識離諸問答
是為入不二法門於是文殊師利問維摩詰
言我等各自說已仁者當說何等是菩薩
入不二法門時維摩詰默然无言文殊師
利歎言善哉善哉乃至无有文字語言
是真入不二法門說是不二法門時於此衆
中五千菩薩皆入不二法門得无生法忍

BD00571　維摩詰所説經卷中

BD00572 妙法蓮華經卷二

（後秦）鳩摩羅什 譯

91.4cm × 27.7cm

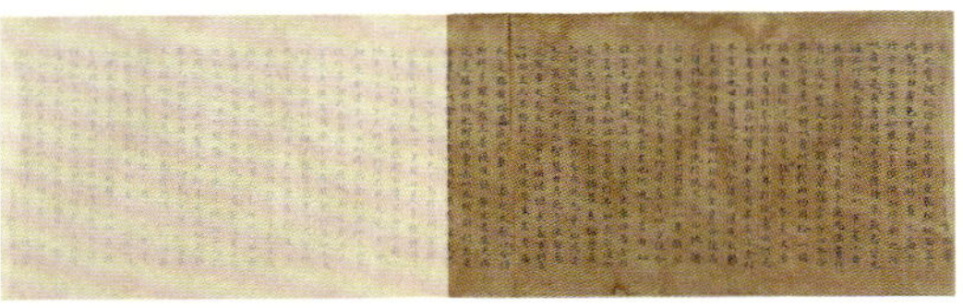

[illegible]寶而嚴
飾之寶繩絞絡垂諸華瓔重敷綩綖安置丹
枕駕以白牛膚色充潔形體姝好有大筋力
行步平正其疾如風又多僕從而侍衛之所
以者何是大長者財富无量種種庫藏悉皆充
溢而作是念我財物无極不應以下劣小車
與諸子等今此幼童皆是吾子愛无偏黨我
有如是七寶大車其數无量應當等心各各
與之不宜差別所以者何以我此物周給一國
猶尚不匱何況諸子是時諸子各乘大車
得未曾有非本所望舍利弗於汝意云何是
長者等與諸子珍寶大車寧有虛妄不舍利
弗言不也世尊是長者但令諸子得免火難
全其軀命非爲虛妄何以故[illegible]

已得玩好之具況復方便於彼火宅而拔濟
之世尊若是長者乃至不與最小一車猶不
虛妄何以故是長者先作是意我以方便令
子得出以是因緣无虛妄也何況長者自知
財富无量欲饒益諸子等與大車佛告舍利
弗善哉善哉如汝所言舍利弗如來亦復如
是則為一切世間之父於諸怖畏衰惱憂患
无明闇蔽永盡无餘而悉成就无量知見力
无所畏有大神力及智慧力具足方便智慧
波羅蜜大慈大悲常无懈惓恒求善事利益
一切而生三界朽故火宅為度衆生生老病
死憂悲苦惱愚癡闇蔽三毒之火教化令得
阿耨多羅三藐三菩提見諸衆生為生老病
死憂悲苦惱之所燒煑亦以五欲財利故受
種種苦又以貪著追求故現受衆苦後受[illegible]

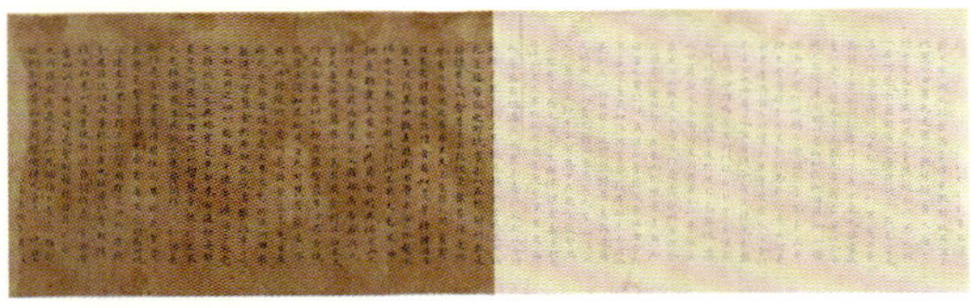

阿耨多羅三藐三菩提見諸衆生為生老病
死憂悲苦惱之所燒煮亦以五欲財利故受
種種苦又以貪著追求故現受衆苦後受地
獄畜生餓鬼之苦若生天上及在人間貧窮
困苦愛別離苦怨憎會苦如是等種種諸苦
衆生沒在其中歡喜遊戲不覺不知不驚不
怖亦不生厭不求解脫於此三界火宅東西
馳走雖遭大苦不以為患舍利弗佛見此已
便作是念我為衆生之父應拔其苦難與无
量无邊佛智慧樂令其遊戲舍利弗如來復
作是念若我但以神力及智慧力捨於方便
為諸衆生讚如來知見力无所畏者衆生不
能以（是）此得度所以者何是諸衆生未免生老
病死憂悲苦惱而為三界火宅所燒何由能
解佛之智慧舍利弗如彼長者雖復身手有

力而不用之但以慇懃方便勉濟諸子火宅
之難然後各與珎寶大車如來亦復如是雖
有力无所畏而不用之但以智慧方便於三界
火宅拔濟眾生為說三乘聲聞辟支佛佛乘
而作是言汝等莫得樂住三界火宅勿貪
麤弊色聲香味觸也若貪著生愛則為所燒
汝速出三界當得三乘聲聞辟支佛佛乘我
今為汝保任此事終不虛也汝等但當勤修
精進如來以是方便誘進眾生復作是言汝等
當知此三乘法皆是聖所稱歎自在无繫
无所依求乘是三乘以无漏根力覺道禪定
解脫三昧等而自娛樂便得无量安隱快樂
[illegible]佛世尊聞法

BD00573

四分律戒本疏卷三

沙門慧　述

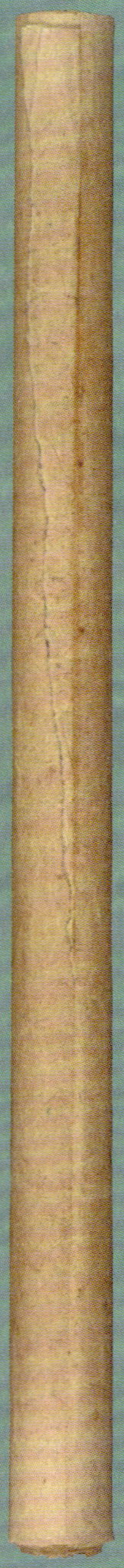

84.5cm × 26.7cm

放逸堤　此滿足戒本文有五[illegible]
罪兩初二句可知三言說法過五六說者法者謂是如來親所宣
說及諸天等所說名名爲法言過五六語者五謂五蘊言色
是无我受想行識名復无我六謂六根言眼是无常乃至意名无
常謂五至六過六至七故名過五六語四言除有智男子者是開緣
律云智男子者知麁惡不麁惡事多論解人情語可作證明故名
有智男子中邊不問者不須俗人出家不得以筆問故若盲若聾
名此二當一人若眼名名无人若減七歲若過不解好惡義味名名
无人知男子及上可知五言放逸堤者是邊犯罪律云若過已外說
聲相接不斷一罪若句句斷絕說句句堤罪五六爲說五六竟後生起去
更有因緣還坐爲說不犯若五六語竟爲後女人說如是相回爲无量
女人說不犯及生即若聾句不了了犯吉若向非人畜生說名吉不犯
者律云若依限說若知男子前過說若无男子請應廣說若受
五戒說五戒法八關齋法乃至女人聰明轉生疑問隨廣說皆得无
犯　掘地戒第十　多論云三種益故不聽掘地壞生一爲不惱害衆生
故出家修慈宜愍物命二爲止誹謗故三爲大護法仏故若仏不制此戒
者國王大臣役使比丘由仏制故王臣息心不復役使得令靜緣脩道
[illegible]

教智斷惑是名斷惑　別緣有五一是生地二作生地想三自掘四使人掘
時不作知淨語五隨傷使犯已下示相戒本此因六群爲脩治講堂故自
掘地居士譏嫌比丘舉過佛爲制戒（老寬）自手掘地教人掘地者波逸提　七
滿足戒本文有三節一自掘故略制二教人掘時不行知淨前制非圓更復
續結　三滿足戒本文有五句一犯人二自作業三所傷地四教人業五結罪
初句可知第二言自手掘者律云若用鋤钁或椎打刀刺指掐抓傷第三
言地者律云若已掘地已掘者經四月被雨清還如本見論生地无有砂
石瓦礫純土是名生地地若四分砂土非生地自掘无過穢土地有二種一生
二作生者去地作者有二一基作者露地壁一上作者重閣上露土是壁名
所傷之地第四言若教掘者律云若不教言看是名是犯緣　五第言
波逸提者是遠犯罪律云若比丘如上所傷之地若以用鋤钁乃至指抓
損傷及地上然火但使地作地想一切皆墮若使掘時不教看是知是名犯吉羅
穢云若轉石掃地驅牛欲使地平意傷如跂脚一切犯提土塊一人不勝放者犯
提盡地作字名提若大小便時水手磨地犯墮若瓶器物木塼瓦等在露地
經雨已不得自取犯提若純砂无罪半砂得吉　多論使僧房掘地作知淨語
提教下三衆淨人掘不作淨語吉若三衆不爲三寶利益因緣自壞土木
吉羅五分云蘭若无淨人聽比丘以水洗地塼草布上踐使成泥取用
[illegible]

吉羅五分云蘭若无淨人聽比丘以水洗地博草布上踐使泥取用
祇云覆處地得自掘不犯者律云若語言知是看是若曳木杖若扶籬
而若反博石取牛屎取崩岸地若鼠壤土除經行處泥土及屋内土若未
往掃地不作故掘意一切不犯　壞生種戒第十一　制意如上犯緣亦同并
不別有緣舉前三房戒緣中比丘自比丘自斫樹以為緣起　若比丘壞鬼神
村者波逸提　此滿足戒本文有五句一犯人二壞業三鬼神四所傷之境五結犯
初句可知二言壞者律云若斫若截若墮若落並名為壞三言鬼神者
律云非人是也四言村一切草木是鬼所依名村十云村者蚑蜎蟀蟻子諸蟲
以為舍律云村者有五種一謂根種二謂枝種三謂節種四謂覆羅種五子
種生種雜有五合則是三第一種根生二種枝生三種子生又根種亦二不假節
生作根種之名根中假節生者作覆羅之種又枝種亦二枝中不假節
生者作節生之目子之種中當體並一始終差別離戾有五合即是三並等
皆名所傷之境五言波逸提者是遠犯罪句故律云若此五生種就地離
地以刀乃至餘物壞者皆名壞村一一得提罪　祇云掘地壞草責日不若
一提若中間息一一提也又可自壞教他壞俱墮若打杖着生草樹上若以
火炙並墮若壞多少生草木者墮壞半乾半生者吉若不言知是看是
亦吉回此淨生種法祇云根莖種以刀中破淨節種者亦以刀破又橋却

……者……取……生……種……者……中破……皆……根者……破又搖去
手自淨心種者謂羅勒蓼等菜摘淨子種者七種穀脫皮火淨之遍五種
又果中裹核種如柰杏之屬爪甲淨去核食火淨合食火淨者謂生熟
二菓合核膚果種者火淨合食如畢鉢棗棋梨柰之屬若熟時蓬切傷
如蚊脚者名瘡淨去子食穀裹種者火淨椰子胡桃石榴之屬檜裹
種者香菜蘓荏之屬未有子火淨角裹種者淨法如檜裹法大小豆
等也唯山蒿中含子之草應得火淨但令損著即得淨法尒故律云
若以五種生擲著地井水中大小便中棄與掃中者若飛犯提若草中
行欲令死者傷如蚊脚提　問打撼樹上菌打多少一一提眾斂蓋何[illegible]
斫得提要待斷令取　若草木有多生相故隨壞處皆得提不生不起
是以隨壞得眾蓋生報者一假名令要斷者方犯　律云不犯者若言看是
知是若斷乾枯草木若於生草木上曳材曳竹正籬障若撥塼石若
……彼處令刷若以瓦石柱之細斷傷草木若除
……所皆無皆不犯　異

BD00574 無垢净光大陀羅尼經

（唐）彌陀山 譯

400.7cm × 30.6cm

无垢淨光大陁羅尼經

如是我聞一時佛在迦毗羅城大精舍中與大比
丘衆无量人俱復有无量百千億那由
他菩薩摩訶薩其名曰除一切蓋鄣菩薩執
金剛主菩薩觀世音菩薩文殊師利菩薩普
賢菩薩无盡慧菩薩弥勒菩薩如是等而
為上首復有无量天龍夜叉乾闥婆阿脩羅迦
樓羅緊那羅摩睺羅伽人非人等无量大衆
恭敬圍遶而為說法時彼城中有大婆羅門
名劫比羅戰荼歸敬外道不信佛法有善相
師而告之言大婆羅門汝却後七日必當命
終時婆羅門聞是語已心懷愁惱驚懼怖畏
[illegible]復作是念沙門

[illegible]稱一切智言一切智[illegible]言[illegible]
是一切智者必當說我憂惱之事作是念已
即往佛所於衆會前遥觀如來意欲請問而
懷猶豫時釋迦如來於三世法无不明見知
婆羅門心所念以慈耎音而告之言大婆羅
門汝却後七日定當命終隨可畏處阿鼻
地獄從此復入十六地獄出已復受旃陁羅
身命終之後復生猪中恒居臭溼常食糞
穢壽命長時多受衆苦後得爲人貧窮下賤
不淨臭穢醜形黑瘦乾枯癩病人不憙見其
咽如針恒乏飲食爲人捶打受大苦惱時婆
羅門聞是語已生大恐怖悲泣憂愁疾至佛
所頂礼雙足而白佛言如來即是救濟一切
諸衆生者我今悔過歸命世尊唯願救我大
也試若佛言大婆羅門此迦毗羅城三岐道

地獄苦佛言大婆羅門此迦毗羅城三岐道
處有古佛塔於中現有如來舍利其塔崩壞
汝應往彼重更修理及造輪樘寫陁羅尼以
置其中興大供養依法七遍念誦神呪令汝
命根還復增長久後壽終生極樂界於百千
劫受大勝樂次後復於妙喜世界亦百千劫
如前受樂後復於諸兜率天宮亦百千劫相
續受樂一切生處常憶宿命除一切障滅一切
罪永離一切地獄等苦常見諸佛恒為如來
之所攝護婆羅門若有比丘比丘尼優婆塞
優婆夷善男女等或有短命或多宿病者應
修故塔或造小塔依法書寫陁羅尼呪呪索
作壇由此福故命將欲盡者復更增壽諸病
苦者皆得除愈永離地獄畜生餓鬼耳尚不

眾會中除蓋障菩薩從坐而起合掌向佛白
言世尊何者是彼陁羅尼法而能生長福德
善根佛言有大陁羅尼名冣勝无垢清淨光
明大壇場法諸佛以此安慰眾生若有聞此
陁羅尼者滅五逆罪閉地獄門除滅慳貪嫉
姤罪垢命短促者皆得延壽諸吉祥事无不
成辦時除蓋障菩薩復白佛言世尊願佛說
此陁羅尼法令一切眾生得長壽故淨除一切
諸罪鄣故為一切眾生作大明故尒時世尊
聞是請已即於頂上放大光明普照三千大
千世界遍覺一切諸如來已還歸本處從佛
頂入時佛即以美妙悅意迦陵頻伽和雅之
音而說呪曰
南謨颯多颯怛底顛以反弊毗也反脣三藐三佛陁

南謨颭哆颭怛底下同蘋以反弊毗也反唇聲一三藐三佛陁
俱胝喃以暗反下同二鉢喇式下同輸聿反陁摩捺婆三薄去聲
質多鉢喇底瑟恥哆喃四南謨薄伽跋底阿弥
多喻殺寫怛他揭揭寫五唵引聲六怛他揭多
式第七阿喻毗輸達你八歌阿葛反羅僧喝羅九
薩婆怛他揭多毗喇邪跋麗娜十鉢喇底僧歌
囉阿喻十一薩囉薩囉十二薩婆怛他揭多三
昧皴十三菩提菩提十四勃地下同亭也反毗勃地十五
菩馱也菩馱也十六薩婆播波引阿伐刺拏上
毗式第十七毗揭多末羅颯皴十八蘇勃馱勃第
十九虎嚕虎嚕莎引聲訶引聲
佛言除蓋障此是根本陁羅尼呪若欲作此
法者當於月八日或十三日或十四日或十五日
右遶舍利塔滿七十七帀誦此陁羅尼亦七
十七遍當作壇〻上[illegible]淨書寫此呪滿

七十七本尊重法故於書寫人以衣服飲食
淨衣洗浴塗香熏香而為供養或施七寶
或隨力施當持呪本置於塔中供養此塔或
作小泥塔滿是七十七各以一本置於塔中而
興供養如法作已命欲盡者而更延壽一切
宿障諸惡趣業悉皆滅盡永離地獄餓鬼
畜生所生之處常憶宿命一切所願皆得滿
足則為已得七十七億諸如來所而種善根一
切眾病及諸煩惱咸得消除
若人病重命將欲盡當為作方壇於壇上畫
作種種形狀所謂輪形金剛杵蓋形月字形蓮花形四角畫蓮花上安瓶瓶滿香水
置於四角布列香鑪燒眾名香以五色鉢盛種
種食及三白食謂乳酪粳米飯復以五鉢各盛香花水及粳米壇
上供養種種飲食盛滿一器及水一瓶置壇中
[illegible]

上供養種種飲食盛滿一器及水一瓶置壇中
心於壇近水及粳米邊作毗那夜迦像頂上
安燈將彼病人在於壇西面向此壇盛一器
食對病人前置於壇上呪師要須清淨如法
呪此病人七十七遍令將死之人惛寘七日命
續識還如從夢覺
若有護淨日別一遍誦念此呪滿足百年是
人命終生極樂界若一切時常念誦者乃至
菩提恒憶宿命永離夭壽及諸惡趣
若復有人為於亡者稱其名字至心誦呪滿
七十七遍若彼亡人墮惡趣者應時即得離
惡道若生天受樂或稱彼名依法書寫陁
羅尼置佛塔中如法供養亦令亡者得離惡
趣生於天上或復得生兜率天宮乃至菩提
[illegible]道惡道

若有善男子善女人於此佛塔或右遶或禮
拜或供養者當得授記於阿耨多羅三藐三
菩提而不退轉一切宿障一切罪業悉皆消滅
下至飛鳥畜生之類至此塔影當得永離
畜生惡趣若有五无間罪或在塔影或觸彼
塔皆得除滅置塔之處无諸邪魅夜叉羅剎
富單那毗舍闍等惡獸惡龍毒虫毒草亦无
魍魎諸惡鬼神奪精氣者亦无刀兵水火霜
雹饉飢橫死惡夢不祥苦惱之事於彼國土
若有諸惡先相現時其塔即便現於神變出
大光焰令彼諸惡不祥之事无不殄滅若復於
彼有惡心衆生或是怨讎及怨伴侶并諸
劫盜寇賊等類欲壞此國其塔亦便出大火
光即於其處現諸兵仗惡賊見已自然退散
常有一切諸天善神守護其國於國四周各百

是臣於其處現諸[illegible]

常有一切諸天善神守護其國於國四周各百
由旬結成大界其中男女乃至畜生无諸
瘦癘疾苦鬪諍不作一切非法之事其餘呪
術所不能壞是名根本陁羅尼法善男子今
爲汝說相輪橖中陁羅尼法即說呪曰
唵引一薩婆怛他揭多毗補羅电下同移熱反瑟撥竹凡反下
同二末尼羯諾迦反嚩法昌喇折嗲三毗善瑟嗲电
瑟撥四柱嚕柱嚕五三曼嗲毗嚕吉啼六薩囉
薩囉播跛輸達尼七菩達尼三薩達尼八鉢
囉上代囉上电瑟撥代囉九末尼㲉擔十髖嚕
乜囉上末羅毗戍第十一吽引吽泼訶
善男子應當如法書寫此呪九十九本安於
相輪橖四周安置又寫此呪及功能法於橖中

[illegible]

相輪橖已則為安置九万九千佛舍利
為已造九万九千佛舍利塔亦為已造九万
九千八大寶塔亦為已造九万九千菩提道
場塔若造一泥塔於中安置此陁羅尼者
則為已造九万九千諸小寶塔若有衆生右
遶此塔或礼一拜或一合掌或以一華或以一
香燒香塗香鈴鐸幡蓋而供養者則為供
養九万九千諸佛塔已是則成就廣大善根
福德之聚若有飛鳥蚊虻蝇等至塔影中當
得授記於阿耨多羅三藐三菩提而不退轉
若遥見此塔或聞鈴聲或聞其名彼人所有
五无間業一切罪障皆得消滅常為一切諸
佛護念得於如来清淨之道是名相輪陁羅
尼法善男子今為汝說脩造佛塔陁羅尼
法即說呪曰

尼法善男子今為汝説修造佛塔陁羅尼
法即説呪曰
唵一引 薩婆怛他揭多二 末羅毗輸達尼三上 健陁
鞞剎黎鉢娜伐囉麗四 鉢喇底僧塞迦囉五 怛他
揭多馱都達囉麗六 達囉達囉七 珊達囉珊達
囉八 薩婆怛他揭多阿地瑟恥帝莎引 訶
若有比丘比丘尼優婆塞優婆夷若自造塔若
教人造若脩故塔若作小塔或以泥作或用塼
石應先呪滿一千八遍然後造作塔分量
或如爪甲或長一肘乃至由旬以其呪力
及至心故於涅槃塔中出妙香氣所謂牛
頭栴檀赤白栴檀龍腦麝香鬱金香等及
天香自作教人皆得成就廣大善根福德之
聚命若短促便得延壽後臨終時得見九十
一塵[illegible]一切者皆悉念而

異於諸[illegible]
他歲常得宿命天眼天身天耳天鼻天頂檀
香從其身出口中常出優鉢羅花香得五神
通於阿耨多羅三藐三菩提得不退轉若呪
香泥下至撚少如芥子許塗此塔上彼人亦
得如上所說大福德聚
若比丘比丘尼優婆塞優婆夷如法書寫陀
羅尼法以清淨心尊重供養如佛无異於書
寫人亦增上供養如前所說書呪印已置於
塔中及所脩塔內并相輪橖中如法成就是人
當得廣大善根福德之聚佛說此陀羅尼印
法時十方一切諸佛如來同聲讚言善哉善
哉釋迦牟尼如來應正等覺乃能善說此大
陀羅尼印法令一切衆生皆无空過獲大利
益攝大福聚乃至於阿耨多羅三藐三菩

陀羅尼印法令一切衆生皆无空過獲大利
益攝大福聚乃至於阿耨多羅三藐三菩
提得不退轉
尒時衆中天龍八部及諸菩薩執金剛生四王
帝釋梵天王那羅延摩醯首羅摩尼跋陀
羅補那跋陀及跋羅神夜摩神婆摟摩神俱
薛羅神婆颰婆神諸仙衆等聞此法已起歎
離心調伏柔爽生大歡喜以大音聲手相謂
言希有諸佛如來希有希有真正妙法希
有希有此陀羅尼印法如來所説甚難值遇
是時劫比羅戰荼大婆羅門聞此大功德殊
勝利益大陀羅尼法印即得明達法性遠
塵離垢斷諸煩惱滅諸罪障壽命延長生
大歡喜踊躍无量令一切衆生亦皆當得心意

尒時除蓋障菩薩摩訶薩於一寶臺種種
寶閒錯莊嚴以佛莊嚴而莊嚴之愛樂法故
供養如来右遶三帀頂礼佛足而白佛言世
尊此大陁羅尼壇場法印甚難值遇世尊說
此一切衆生妙法庫藏鎮閻浮提令諸衆生
種大善根施其壽命消滅煩惱我今亦當爲
令衆生種善根故供養一切諸如来故今於
佛前說自心印陁羅尼法即說呪曰
南謨薄伽伐帝納婆納伐底喃一 三藐三佛陁
俱胝那庾多設多索訶薩囉引南二 南謨薩
薩你伐囉拏上聲 毗瑟劍鼻尼引 菩提薩埵也
三 唵引四 靚嚕靚嚕五 薩婆阿伐囉拏毗太達尼六
薩婆怛他揭多摩庚播剌尼七 毗布攞八 眤
木麗薩婆恙陁南摩塞訖栗帝九 跋羅跋
羅十 薩婆薩埵婆盧羯尼十 吽引 薩婆尼

木麗薩婆悉陀南摩塞訖栗帝十[illegible]羅跋
囉十薩婆薩埵婆盧羯尼十吽引薩婆尼
伐囉夆聲上毗瑟夠毗泥二十薩婆播波毗燒達
尼莎引訶
世尊此陀羅尼是九十億諸佛所說若有至
心暫念誦者一切罪業悉皆消滅若有依
法書寫此呪滿九十九本置於塔中或塔四
周有人礼拜及以讚嘆或以香花塗香燭燈
供養此塔彼善男女於現生中滅一切罪除
一切障滿一切願則爲供養九十九億百千
那由他恒河沙等諸如來已亦爲供養九十
九億百千那由他恒河沙等舍利塔已是
則成就廣大善根福德之聚若有比丘於
月八日十三日十四日十五日洗浴護淨著鮮
潔衣[illegible]

[illegible]誦此陀羅[illegible]一百八遍
百千劫罪及五無間皆得除滅救除蓋障即
爲現身令其所願皆悉滿足得見一切諸佛
如來若有誦滿二百八遍得諸禪定若有誦
滿三百八遍得淨一切障三昧若有誦滿四
百八遍得四大天王常來親近現身衛護
加其身心增大威德若有誦滿五百八遍攝
得無量阿僧祇不可量諸大善根若有誦滿
六百八遍便得此呪根本法成爲持呪天仙若
有誦滿七百八遍得大威德具足光明若有
誦滿八百八遍得心清淨若有誦滿九百八
遍得五根清淨若有誦滿一千八遍當得須
陁洹果若誦滿二千遍當得斯陁含果若
誦滿三千遍當得阿那含果若誦滿四千
[illegible]

誦滿三千遍當得阿那含果若誦滿四千
遍當得阿羅漢果若誦滿五千遍當得辟
支佛果若誦滿六千遍當得普賢地若滿七千
遍當得初地若滿八千遍當得第五地若滿
九千遍當得普門陁羅尼若十千遍當得不
動地若復滿十一千遍當得如来地成大人
相大師子吼
若復有人欲於現生成就功德大利益者

BD00575 四分律戒本疏卷三

沙門慧述

91.3cm × 27cm

[illegible]逆杜遮道勸脩衆善令
乃惡心摧彼令作犯罪已自於彼人我俱損理所不應是故聖制　別緣有
五一犯足之食竟二知他足之食三惡心勸彼欲令他犯四不作餘食法五前人食便
犯　已下兩戒本無戒因見弟同作比丘一弟貪餮者食不不知足之食餘非不餘
食得而食之以彼呵責興心壞惡見彼食已惡心殷勤食佛便制戒　第五
比知比丘足之食已若受請不作餘食法慇勤請与食長老取是食以是因緣
非餘欲使他犯者波逸提　此戒同滿足之戒本文有四句一能勸犯人二知
三知他二種食意四不作餘法下勸足之結罪以是因緣者明能勸之意并相
中初句可知釋四勸意者欲使他犯故勸令食言非餘者謂非不犯及供
養意等律云彼若食者二俱犯提前人不食若作法而食者勸人皆吉羅
若待病見殘食欲令犯他勸者犯吉與由惡心故制同罪律云不犯者勸令
作法謂不犯故及供養意故勸食者慈心不犯　非時食戒第卅七　凡食有時
節數形致惡事須限約軌赴合之是以始從平旦爰終至日午事須應法名之
為時過則非宜長貪妨道招世譏過事不應法廣生罪累名為非時故罹
三時經云平旦諸天食日中應法食日西畜生暮鬼食出家應佛法故制同天
法二種食名時多論云四義故佛中前食一始從日出乃至日中其明轉盛名之時既食
无過從中後乃前至後夜其明轉沒故日非時而不聽食二從旦至中是作食時

戲言笑入村乞食多發譏謗受辱惱厚故不聽食四從旦至中正是乞時爲膳
身命故聽乞食從中已後宜應靜緣修道藥坐念誦精禪非是往来時節是
故聖制不聽入乞乞犯緣有四一非時二非時想三時食四食可犯已下兩明戒本此戒
曰難陀跋難陀及迦留陀夷起過故制斯戒　若比丘非時受食者波逸提
此滿足戒本文有四句一犯人二非時三食四結罪初句可知二言非時者從日中乃
至明相未出三言食者律云食有二種佉闍尼食及蒲闍尼食僧祇云一五正食
二雜正食枝葉花菓細末磨等名佉闍尼善見云佉闍尼食者米麦作飯麨
等是蒲闍尼者一切草果是四言波逸提是遮犯結罪句校律云若非時食唄
若非時與明相出若七日藥過七日皆犯已食過時故藥過眼失受故若盡形藥
无緣服故犯吉羅　律云若作黑石蜜和米作法若有病藥時過者更
合皮不破漉汁飲若唯中哯出還咽不犯五六病人不食腹中空渴聽以藥
塗身故不差麵塗身猶故不差藥和麩塗又不差以湯洗若不差見
鹹鹵汁坐中如是等是之以至曉一切得食　食殘宿食戒卅八　割青者无飯
食繁藏近肝長貪令人節文解現壹畫並義无貯畜故宜別妻理无共宿
是故聖制　別緣有三一是殘宿食二知是殘三食即犯釋名者今日所食是
時可之餘殘經夜日宿故名殘宿食戒　已下兩明戒本此戒曰迦羅比丘坐禪思惟
疲苦食先得者仏同制戒　若比丘殘宿食者而食波逸提　此滿足之戒本

夜若食先得者仏同制戒　若比丘殘宿食者而食波逸提　此蒲萨戒本
文有三句一犯人二殘宿食三食便結犯　初句可知二言殘食者律云今日受已
至明日於一切沙门釋子受大戒者皆不清淨食有二種一正食二非正食者飯
等五正是非正食者根菓食乃至細末食等三言食波逸提者律云若食
宿食咽咽墮　問殘々与宿爲一爲異　荅有四不同一殘而非宿且受四藥不加
口法過中若食犯吉二宿而非殘謂未受食或共同宿食犯吉不宿尤犯三
名殘亦宿若食犯提四非殘非宿食无罪殘宿内宿名作四句一是殘宿非内宿
今日受食安界外不共宿非内宿若食得提二内宿非殘三四俱句類知善見
云多比丘沙弥共行比丘各自擔食至時各々自分已沙弥語比丘云我持云
与大徳易易之易得已復与第二比丘易乃至下座若沙弥不解者比丘自持
食与教共易得无犯以无殘宿悪觸等過乃至持来行沙弥小比丘得作飯唯
不得然火若弗不得吹挽吉羅熟已上如乃展轉易者得五分云比丘殘果与淨
人已不作還意後淨人還与比丘仏言離手已名淨食无犯糓云莫問時非時受
若過非時如驗胸若食得提傳過須臾復得傳食々名提謂旦起受食至過中
中已去限一須臾若過二時名日非時十云沙弥持不淨鉢与師仏言若无多羌事
不應使持鉢若使持應從受若洗鉢已不得磨拭食時當護淨手若磨
頭口手捫揩者即須卻洗若捉袈裟名應須洗　律云不犯者若宿受食与

鼻若涕唾出者無犯　不受食戒第卅九　多論有五義制不聽自取
食一為斷盜竊因緣故二為作證明故從非人受食成受不成證明證在曠
野非人之所為開聽若在人中非益无知小兒老人不成受三為止誹謗故四為
成少欲知足故五為生他信敬心故為令外道得益故尒　別緣有四一是食二
不受三知不受四食即　已下四明戒本此同戒頭隨乞食比丘塚間自取食之居
士共嫌比丘舉過佛便制戒　若比丘不受食若藥著口中除水及楊枝
波逸提　此滿足戒本文有句五一犯人二不受三食藥四開緣五結犯弁相者
初句可知二言不受者律云他不與未受者是受有五種一手與手受二手與
持物受三持物與手受四持物與持物受五若遙過物與者受者俱知中
間无所觸㝵得墮一手中是復有五種一身與身受二衣與衣受三曲肘與曲
肘受四器與器受五若有因緣置地與是為五三言食者明所受食藥律云佉
闍尼食根細末磨及五正食等是為食體四言除水及楊枝者此明開緣餘
亦若楊枝可汁者須受水濁者受雷霓名是五分若水性醎不著鹽聽
及水性黃者自飲无罪五言犯者

BD00576 妙法蓮華經卷六

（後秦）鳩摩羅什 譯

434.6cm × 26.5cm

五

得淨鼻根
香須曼那華香闍提華香
華香波羅羅華香赤蓮華
華樹香菓樹香栴檀
種和
蓮華香
香多伽
若
丸若塗香持是經者於此間住悉能分別又
復別知衆生之香象香馬香牛羊等香男香
女香童子香童女香及草木叢林香若近若
遠所有諸香悉皆得聞分別不錯持是經者
雖住於此亦聞天上諸天之香波利質多羅
拘鞞陀羅樹香及曼陀羅華香摩訶曼陀羅
華香曼殊沙華香摩訶曼殊沙華香栴檀沈
水種種末香諸雜華香如是等天香和合所出
之香無不聞知又聞諸天身香釋提桓因在
歡喜

[illegible]

及餘天等男女身香皆悉遙聞如是展轉乃

至梵世上至有頂諸天身香亦皆聞之并聞

諸天所燒之香及聲聞香辟支佛香菩薩香

諸佛身香亦皆遙聞知其所在雖聞此香然

於鼻根不壞不錯若欲分別爲他人說憶念

不謬尒時世尊欲重宣此義而説偈言

是人鼻清淨　於此世界中　若香若臭物　種種悉聞知

須曼那闍提　多摩羅栴檀　沈水及桂香　種種華菓香

及知衆生香　男子女人香　説法者遠住　聞香知所在

大勢轉輪王　小轉輪及子　羣臣諸宫人　聞香知所在

身所著珎寶　及地中寶藏　轉輪王寶女　聞香知所在

諸人嚴身具　衣服及瓔珞　種種所塗香　聞則知其身

諸天若行坐　遊戲及神變　持是法華者　聞香悉能知

諸樹華菓實　及蘇油香氣　持經者住此　悉知其所在

諸山深嶮處　栴檀樹華敷　衆生在中者　聞香皆能知

BD00576　妙法蓮華經卷六

六

諸天若行坐 遊戲及神變 持是法華者 聞香悉能知
諸樹華菓實 及蘇油香氣 持經者住此 悉知其所在
諸山深嶮處 栴檀樹華敷 衆生在中者 聞香皆能知
鐵圍山大海 地中諸衆生 持經者聞香 悉知其所在
阿脩羅男女 及其諸眷屬 鬪諍遊戲時 聞香皆能知
曠野險隘處 師子象虎狼 野牛水牛等 聞香知所在
若有懷任者 未辯其男女 无根及非人 聞香悉能知
以聞香力故 知其初懷任 成就不成就 安樂產福子
以聞香力故 知男女所念 染欲癡恚心 亦知脩善者
地中衆伏藏 金銀諸珎寶 銅器之所盛 聞香悉能知
種種諸瓔珞 无能識其價 聞香知貴賤 出處及所在
天上諸華等 曼陀曼殊沙 波利質多樹 聞香悉能知
天上諸宮殿 上中下差別 衆寶華莊嚴 聞香悉能知
天園林勝殿 諸觀妙法堂 在中而娛樂 聞香悉能知
諸天若聽法 或受五欲時 來往行坐卧 聞香悉能知
天女所著衣 好華香莊嚴 周旋遊戲時 聞香悉能知

如是展轉上 乃至於梵世
光音遍淨天 乃至于有頂 初生及退沒 聞香悉能知
諸比丘衆等 於法常精進 若坐若經行 及讀誦經法
或在林樹下 專精而坐禪 持經者聞香 悉知其所在
菩薩志堅固 坐禪若讀誦 或為人說法 聞香悉能知
在在方世尊 一切所恭敬 愍衆而說法 聞香悉能知
衆生在佛前 聞經皆歡喜 如法而修行 聞香悉能知
雖未得菩薩 无漏法生鼻 而是持經者 先得此鼻相
復次常精進 若善男子善女人受 持是經 若讀
若誦 若解說 若書寫 得千二百 功德 若好
若醜 若美不美 及諸苦澁物 在其舌根 皆
變成上味 如天甘露 无不美者 若以舌根 於
大衆中 有所演說 出深妙聲 能入其心 皆令
歡喜快樂 又諸天子天女 釋梵諸天 聞是深
妙音聲 有所演說 言論次第 皆悉來聽 及諸

BD00576 妙法蓮華經卷六

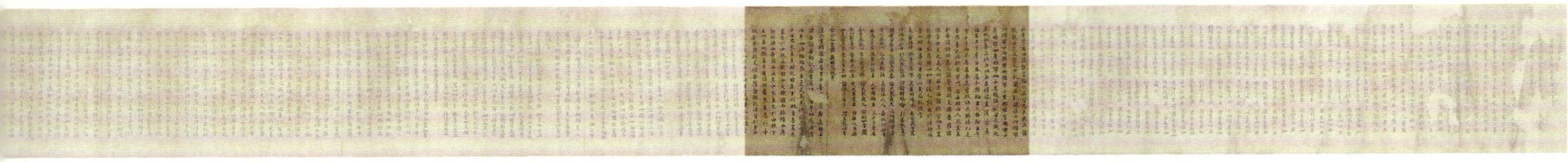

妙音聲有所演說言論次第皆悉來聽又諸
龍龍女夜叉夜叉女乾闥婆乾闥婆女阿脩羅
阿脩羅女迦樓羅迦樓羅女緊那羅緊那羅女
摩睺羅伽摩睺羅伽女爲聽法故皆來親近
恭敬供養及比丘比丘尼優婆塞優婆夷
國王王子羣臣眷屬小轉輪王大轉輪王七
寶千子內外眷屬乘其宮殿俱來聽法以是
菩薩善說法故婆羅門居士國內人民盡其
形壽隨侍供養又諸聲聞辟支佛菩薩諸
佛常樂見之是人所在方面諸佛皆向其處
說法悉能受持一切佛法又能出於深妙法
音尒時世尊欲重宣此義而說偈言
是人舌根淨　終不受惡味　其有所食噉　悉皆成甘露
以深淨妙音　於大衆說法　以諸因緣喻　引導衆生心
聞者皆歡喜　設諸上供養　諸天龍夜叉　及阿脩羅等

皆以恭敬心　而共來聽法　是說法之人　若欲以妙音
遍滿三千界　隨意即能至　大小轉輪王　及千子眷屬
合掌恭敬心　常來聽受法　諸天龍夜叉　羅剎毗舍闍
亦以歡喜心　常樂來供養　梵天王魔王　自在大自在
如是諸天衆　常來至其所　諸佛及弟子　聞其說法音
常念而守護　或時爲現身
復次常精進若善男子善女人受持是經若
讀若誦若解說若書寫得八百身功德得清
淨身如淨瑠璃衆生憙見其身淨故三千大
千世界衆生生時死時上下好醜生善處惡
處悉於中現及鐵圍山大鐵圍山弥樓山摩
訶弥樓山等諸山及其中衆生悉於中現下
至阿鼻地獄上至有頂所有衆生悉於中
現若聲聞辟支佛菩薩諸佛說法皆於身中
現其色像爾時世尊欲重宣此義而說偈言

BD00576　妙法蓮華經卷六

現若聲聞辟支佛菩薩諸佛說法皆於身中
現其色像尒時世尊欲重宣此義而說偈言
若持法華者　其身甚清淨　如彼淨瑠璃　衆生皆憙見
又如淨明鏡　悉見諸色像　菩薩於淨身　皆見世所有
唯獨自明了　餘人所不見　三千世界中　一切諸羣萌
天人阿脩羅　地獄鬼畜生　如是諸色像　皆於身中現
諸天等宮殿　乃至於有頂　鐵圍及弥樓　摩訶弥樓山
諸大海水等　皆於身中現　諸佛及聲聞　佛子菩薩等
若獨若在衆　說法悉皆現　雖未得无漏　法性之妙身
以清淨常體　一切於中現
復次常精進若善男子善女人如來滅後受
持是經若讀若誦若解說若書寫得千二百
意功德以是清淨意根乃至聞一偈一句通
達无量无邊之義解是義已能演說一句一偈
歲諸所說法隨其

義趣皆與實相不相違背若說俗間經書治
世語言資生業等皆順正法三千大千世界六趣衆
生心之所行心所動作心所戲論皆悉知之雖
未得无漏智慧而其意根清淨如此是人
有所思惟籌量言說皆是佛法无不真實
亦是先佛經中所說尒時世尊欲重宣此義而
說偈言
是人意清淨　明利无穢濁　以此妙意根　知上中下法
乃至聞一偈　通達无量義　次第如法說　月四月至歲
是世界內外　一切諸衆生　若天龍及人　夜叉鬼神等
其在六趣中　所念若干種　持法華之報　一時皆悉知
十方无數佛　百福莊嚴相　爲衆生說法　悉聞能受持
思惟无量義　說法亦无量　終始不忘錯　以持法華故
悉知諸法相　隨義識次第　達名字語言　如所知演說
此人有所說　皆是先佛法　以演此法故　於衆无所畏

BD00576　妙法蓮華經卷六

九

悉知諸法相 隨義識次第 達名字語言 如所知演說
此人有所說 皆是先佛法 以演此法故 於衆无所畏
持法華經者 意根淨若斯 雖未得无漏 先有如是相
是人持此經 安住希有地 為一切衆生 歡喜而愛敬
能以千万種 善巧之語言 分別而說法 持法華經故

妙法蓮華經常不輕菩薩品第二十

尒時佛告得大勢菩薩摩訶薩 汝今當知 若
比丘比丘尼優婆塞優婆夷持法華經者 若
有惡口罵詈誹謗 獲大罪報 如前所說 其所
得功德 如向所說 眼耳鼻舌身意清淨 得大
勢 乃往古昔過无量无邊不可思議阿僧祇
劫有佛 名威音王如來 應供 正遍知 明行足
善逝 世間解 无上士 調御丈夫 天人師 佛 世尊
劫名離衰 國名大成 其威音王佛於彼世中

法度生老病死究竟涅槃為求辟支佛者說
應十二因緣法為諸菩薩因阿耨多羅三藐
三菩提說應六波羅蜜法究竟佛慧得大勢
是威音王佛壽四十万億那由他恒河沙劫
正法住世劫數如一閻浮提微塵像法住世
劫數如四天下微塵其佛饒益衆生已然後
滅度正法像法滅盡之後於此國土復有佛
出亦号威音王如來應供正遍知明行足善
逝世間解无上士調御丈夫天人師佛世尊
如是次第有二万億佛皆同一号最初威音
王如來既已滅度正法滅後於像法中增上
慢比丘有大勢力尒時有一菩薩比丘名常
不輕得大勢以何因緣名常不輕是比丘凡
有所見若比丘比丘尼優婆塞優婆夷皆
悉礼拜讚嘆而作是言我深敬汝等不敢輕

凡有所見若比丘比丘尼優婆塞優婆夷皆
悉礼拜讚嘆而作是言我深敬汝等不敢輕
慢所以者何汝等皆行菩薩道當得作佛
而是比丘不專讀誦經典但行礼拜乃至遠見
四衆亦復故往礼拜讚嘆而作是言我不敢
輕於汝等汝等皆當作佛故四衆之中有生
瞋恚心不淨者惡口罵詈言是无智比丘從
何所来自言我不輕汝而與我等授記當得
作佛我等不用如是虛妄授記如此經歷多
年常被罵詈不生瞋恚常作是言汝當作
佛說是語時衆人或以杖木瓦石而打擲之
避走遠住猶高聲唱言我不敢輕於汝等汝等
皆當作佛以其常作是語故增上慢比丘比丘
尼優婆塞優婆夷号之為常不輕是比丘臨
欲終時於虛空中具聞威音王佛先所說

根清淨耳鼻舌身意根清淨得是六根清
淨已更增壽命二百万億那由他歲廣爲人
說是法華経於時增上慢四衆比丘比丘尼
優婆塞優婆夷輕賤是人爲作不輕名者見
其得大神通力樂說辯力大善寂力聞其所
說皆信伏隨從是菩薩復化千万億衆令住
阿耨多羅三藐三菩提命終之後得值二千
億佛皆号日月燈明於其法中說是法華経
以是因緣復值二千億佛同号雲自在燈王
於此諸佛法中受持讀誦爲諸四衆說此経
典故得是常眼清淨耳鼻舌身意諸根清淨
於四衆中說法心无所畏得大勢是常不輕菩
薩摩訶薩供養如是若干諸佛恭敬尊重
讚嘆種諸善根於後復值千万億佛亦於諸

讚嘆種諸善根於後復值千万億佛亦於諸
佛法中說是經典功德成就當得作佛得大
勢於意云何尒時常不輕菩薩豈異人乎則
我身是若我於宿世不受持讀誦此經為他
人說者不能疾得阿耨多羅三藐三菩提我
於先佛所受持讀誦此經為人說故疾得阿
耨多羅三藐三菩提得大勢彼時四衆比丘比
丘尼優婆塞優婆夷以瞋恚意輕賤我故二
百億劫常不值佛不聞法不見僧千劫於阿
鼻地獄受大苦惱畢是罪已復遇常不輕菩
薩教化阿耨多羅三藐三菩提得大勢於汝
意云何尒時四衆常輕是菩薩者豈異人乎
今此會中跋陀婆羅等五百菩薩師子月等

是法華經大饒益諸菩薩摩訶薩能令至於
阿耨多羅三藐三菩提是故諸菩薩摩訶薩
於如來滅後常應受持讀誦解說書寫是經
尒時世尊欲重宣此義而說偈言
過去有佛　號威音王　神智无量　將導一切
天人龍神　所共供養　是佛滅後　法欲盡時
有一菩薩　名常不輕　時諸四衆　計著於法
不輕菩薩　往到其所　而語之言　我不輕汝
汝等行道　皆當作佛　諸人聞已　輕毀罵詈
不輕菩薩　能忍受之　其罪畢已　臨命終時
得聞此經　六根清淨　神通力故　增益壽命
復為諸人　廣說是經　諸著法衆　皆蒙菩薩
教化成就　令住佛道　不輕命終　值无數佛
說是經故　得无量福　漸具功德　疾成佛道

BD00576　妙法蓮華經卷六

十二

說是經故　得无量福　漸具功德　疾成佛道
彼時不輕　則我身是　時四部衆　著法之者
聞不輕言　汝當作佛　以是因緣　值无數佛
此會菩薩　五百之衆　并及四部　清信士女
今於我前　聽法者是　我於前世　勸是諸人
聽受斯經　第一之法　開示教人　令住涅槃
世世受持　如是經典　億億万劫　至不可議
時乃得聞　是法華經　億億万劫　至不可議
諸佛世尊　時說是經　是故行者　於佛滅後
聞如是經　勿生疑惑　應當一心　廣說此經
世世值佛　疾成佛道

妙法蓮華經如來神力品第二十一

尒時千世界微塵等菩薩摩訶薩從地踊出
者皆於佛前一心合掌瞻仰尊顔而白佛言世

度之處當廣說此經所以者何我等亦自欲
得是真淨大法受持讀誦解說書寫而供養
之尒時世尊於文殊師利等无量百千万億
舊住娑婆世界菩薩摩訶薩及諸比丘比丘
尼優婆塞優婆夷天龍夜叉乹闥婆阿脩羅
迦樓羅緊那羅摩睺羅伽人非人等一切衆前
現大神力出廣長舌上至梵世一切毛孔放
於无量无數色光皆悉遍照十方世界衆寶
樹下師子座上諸佛亦復如是出廣長舌放
无量光釋迦牟尼佛及寶樹下諸佛現神力
時滿百千歲然後還攝舌相一時謦欬俱共
彈指是二音聲遍至十方諸佛世界地皆六
種震動其中衆生天龍夜叉乹闥婆阿脩羅
迦樓羅緊那羅摩睺羅伽人非人等以佛神
力故皆見此娑婆世界无量无邊百千万億

十三

力故皆見此娑婆世界无量无邊百千万億
衆寶樹下師子座上諸佛及見釋迦牟尼佛共
多寶如來在寶塔中坐師子座又見无量无
量无邊百千万億菩薩摩訶薩及諸四衆恭敬
圍繞釋迦牟尼佛既見是已皆大歡喜得未曾
有即時諸天於虛空中高聲唱言過此无
量无邊百千万億阿僧祇世界有國名娑婆
是中有佛名釋迦牟尼今為諸菩薩摩訶薩
說大乘經名妙法蓮華教菩薩法佛所護念
汝等當深心隨喜亦當礼拜供養釋迦牟尼
佛彼諸衆生聞虛空中聲已合掌向娑婆世
界作如是言南无釋迦牟尼佛南无釋迦牟
尼佛以種種華香瓔珞幡蓋及諸嚴身之具
珎寶妙物皆共遥散娑婆世界所散諸物從
十方來譬如雲集變成寶帳遍覆此間諸佛

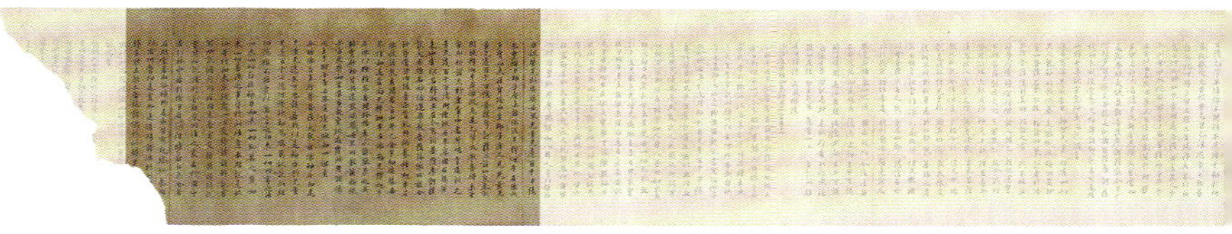

之上于時十方世界通達无礙如一佛土
尒時佛告上行等菩薩大衆諸佛神力如是
无量无邊不可思議若我以是神力於无量
无邊百千万億阿僧祇劫為嘱累故說此經
功德猶不能盡以要言之如來一切所有之法
如來一切自在神力如來一切秘要之藏如
來一切甚深之事皆於此經宣示顯說是故
汝等於如來滅後應一心受持讀誦解說書
寫如說脩行所在國土若有受持讀誦解說
書寫如說脩行若經卷所住之處若於園中
若於林中若於樹下若於僧坊若白衣舍若
在殿堂若山谷曠野是中皆應起塔供養所
以者何當知是處即是道場諸佛於此
耨多羅三藐三菩提諸佛於此轉于

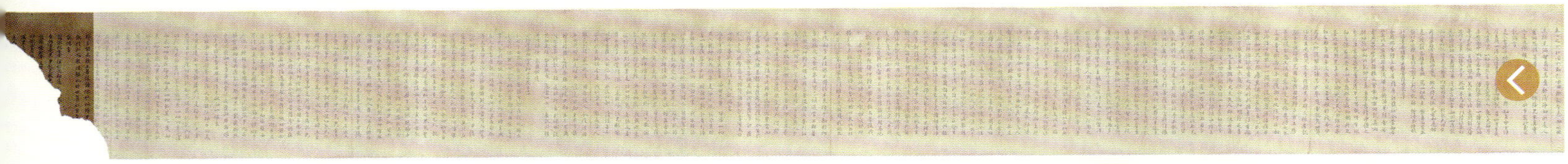

耨多羅三藐三菩提諸佛於此轉于
佛於此而般涅槃尒時世尊欲重宣
說偈言
諸佛救世者 住於大神通
舌相至梵天 身放無數光
諸佛謦欬聲 及彈
以佛滅度後
囑累是
是人

BD00577 無量壽宗要經（甲本）

170.5cm × 31cm

[illegible]

[illegible]

諸[illegible]爾時世尊告曼殊上方有世界

德聚[illegible]羯多羅三藐三菩提現為眾生

殊諦聽南閻浮提[illegible]壽限百年於中殀枉橫死者眾曼殊如是

來功德名稱若有眾生得聞名號若自書或使人書能為經卷受持

於舍宅所住之處以種種花鬘瓔珞塗香末香而為供養如其命盡得復延年

如是曼殊若有眾生得聞是無量壽智決定王如來一百八名號者益其長壽若

生大命將盡憶念是如來名號更得增壽如是曼殊若有善男子善女人欲求長

壽於是無量壽如來一百八名號有得聞者或自書若使人書受持讀誦得如是等果報福德具足

陀羅尼曰　南謨薄伽勃底一　阿波唎蜜多二　阿喻紇硯那三　須毗你悉指陀囉佐耶　怛他羯他耶

怛姪他唵　薩婆桑悉迦囉八　鉢唎輸底九　達摩底十　伽伽那十一　娑摩訶十二

娑嚩婆毗輸底十三　摩訶娜耶　波唎婆唎　娑訶十五　世尊復告曼殊室利如是如來一

百名號若有自書或使人書為經卷受持讀誦如壽命盡復滿百年壽終此身後得往生

無量福智世界無量壽淨土陀羅尼曰　南謨薄伽勃底一　阿波唎蜜多二　阿喻紇硯那

无量福智亦得無量壽淨土陁羅尼曰　南謨薄伽勃底一　阿波唎蜜哆二　阿喻紇硯那三
須毗你逝指陁四　囉佐耶五　怛他羯他耶六　怛姪他唵七　薩婆桑悉迦囉八　波唎輸底九　達磨底十
伽伽那十一　莎訶其持伽底十二　薩婆毗輸底十三　摩訶娜耶十四　波唎婆唎莎訶十五
尒時復有九十九姟佛等一時同聲說是无量壽宗要經陁羅尼曰
南謨薄伽勃底一　阿波唎蜜哆二　阿喻紇硯那三　須毗你逝指陁四　囉佐耶五　怛他羯他耶六　怛姪
他唵七　薩婆桑悉迦囉八　波唎輸底九　達磨底十　伽伽那十一　莎訶其持伽底十二　薩婆毗
輸底十三　摩訶娜耶十四　波唎婆唎莎訶十五　尒時復有一百四姟佛一時同聲說是无量
壽宗要經陁羅尼曰　南謨薄伽勃底一　阿波唎蜜哆二　阿喻紇硯那三　須毗你逝指陁四
囉佐耶五　怛他羯他耶六　怛姪他唵七　薩婆桑悉迦囉八　波唎輸底九　達磨底十　伽伽那十一　莎
訶其持伽底十二　薩婆毗輸底十三　摩訶娜耶十四　波唎婆唎莎訶十五
尒時復有七姟佛一時同聲說是无量壽宗要經陁羅尼曰　南謨薄伽勃底一　阿波唎
蜜哆二　阿喻紇硯那三　須毗你逝指陁四　囉佐耶五　怛他羯他耶六　怛姪他唵七　薩婆桑悉迦
囉八　波唎輸底九　達磨底十　伽伽那十一　莎訶其持伽底十二　薩婆毗輸底十三　摩訶娜耶十四　波唎婆
唎莎訶　十五　尒時時復有六十五姟佛一時同聲說是无量壽宗要經陁羅尼曰
南謨薄伽勃底一　阿波唎蜜哆二　阿喻紇硯那三　須毗你逝指陁四　囉佐耶五　怛他羯他耶六　怛姪
他唵七　薩婆桑悉迦囉八　波唎輸底九　達磨底十　伽伽那十一　莎訶其持伽底十二　薩婆毗輸底

他唵七薩婆桑悉迦囉八波唎輸底九達磨底十伽迦娜十一莎訶其持迦底十二薩婆毗輸底
摩訶娜耶十四波唎婆唎莎訶十五 尒時復有五十五姟佛一時同聲說是无量壽宗要經
陀羅尼曰 南謨薄伽勃底一阿波唎蜜多二阿喻紇硯娜三須毗你悉指陀四囉佐耶五怛他羯
他耶六怛姪他唵七薩婆桑悉迦囉八波唎輸底九達磨底十伽迦娜十一莎訶其持迦底十二薩婆
毗輸底十三摩訶娜耶十四波唎婆唎莎訶十五 尒時復有四十五姟佛一時同聲說是无量
壽宗要經陀羅尼曰 南謨薄伽勃底一阿波唎蜜多二阿喻紇硯娜三須毗你悉指陀四囉
佐耶五怛他羯他耶六怛姪他唵七薩婆桑悉迦囉八波唎輸底九達磨底十伽迦娜十一莎訶其持
迦底十二薩婆毗輸底十三摩訶娜耶十四波唎婆唎莎訶十五 尒時復有三十六姟佛一時
同聲說是无量壽宗要經陀羅尼曰 南謨薄伽勃底一阿波唎蜜多二阿喻紇硯娜三須
毗你悉指陀四囉佐耶五怛他羯他耶六怛姪他唵七薩婆桑悉迦囉八波唎輸底九達磨底十
伽迦娜十一莎訶其持迦底十二薩婆毗輸底十三摩訶娜耶十四波唎婆唎莎訶其
尒時復有二十五姟佛一時同聲說是无量壽宗要經陀羅尼曰 南謨薄伽勃底一阿波
唎蜜多二阿喻紇硯娜三須毗你悉指陀四囉佐耶五怛他羯他耶六怛姪他唵七薩婆桑悉迦
囉八波唎輸底九達磨底十伽迦娜十一莎訶其持迦底十二薩婆毗輸底十三摩訶娜耶十四波唎婆
莎訶十五 尒時復有恒河沙姟佛一時同聲說是无量壽宗要經陀羅尼曰
南謨薄伽勃底一阿波唎蜜多二阿喻紇硯娜三須毗你悉指陀四囉佐耶五怛他羯他耶六怛

南謨薄伽勃底[illegible]
姪他唵七薩婆桑悉迦囉八波唎輸底九達磨底十伽伽娜十一莎訶其持迦底十二薩婆
毗輸底十三摩訶娜耶十四波唎婆唎莎訶十五　善男子若有自書寫教人書寫是无
量壽宗要經如其命盡復得長壽而滿年陁羅尼日　南謨薄伽勃底一阿波唎蜜哆二阿喻
紇硯娜三須毗你悉指陀四囉佐耶五怛他羯他耶六怛姪他唵七薩婆桑悉迦囉八波唎輸底九達
磨底十伽伽娜十一莎訶其持迦底十二薩婆毗輸底十三摩訶娜耶十四波唎婆唎莎訶十五
若有自書寫教人書寫是无量壽宗要經讀誦受持畢竟不墮地獄在在所生得宿命智陁羅尼日
南謨薄伽勃底一阿波唎蜜哆二阿喻紇硯娜三須毗你悉指陀囉佐耶五怛他羯他耶六怛姪他
唵七薩婆桑悉迦囉八波唎輸底九達磨底十伽伽娜十一莎訶其持迦底十二薩婆毗輸底十三摩
訶娜耶十四波唎婆唎莎訶十五　若有自書寫教人書寫是无量壽宗要經受持讀誦如同
書寫八万四千一切經典陁羅尼日　南謨薄伽勃底一阿波唎蜜哆二阿喻紇硯娜三須毗你悉
指陁四囉佐耶五怛他羯他耶六怛姪他唵五薩婆桑悉迦囉八波唎輸底九達磨底十伽伽娜十一莎
訶其持迦底十二薩婆毗輸底十三摩訶娜耶十四波唎婆唎莎訶十五
若有自書寫教人書寫是无量壽宗要經即是書寫八万四千部建立塔廟陁羅尼日
南謨薄伽勃底一阿波唎蜜哆二阿喻紇硯娜三須毗你悉指陁四囉佐耶五怛他羯他耶六怛姪他唵七薩婆
桑悉迦囉八波唎輸底九達磨底十伽伽娜十一莎訶其持迦底十二薩婆毗輸底十三摩訶娜耶十四波
唎婆唎莎訶十五　若有自書寫教人書寫是无量壽宗要經若有五无間等一切重罪陁羅尼日

唎婆唎莎訶十五 若有自書寫教人書寫是无量壽宗要經能消五无間等一切重罪陀羅尼曰
南謨薄伽勃底一 阿波唎蜜哆二 阿喻紇硯娜三 須毗你悉指陀四 囉佐耶五 怛他羯他耶六 怛姪他唵七
薩婆桑悉迦囉八 波唎輸底九 達磨底十 伽伽娜十一 莎訶其持伽底十二 薩婆毗輸底十三 摩訶
娜耶十四 波唎婆唎莎訶十五 若有自書寫教人書寫是无量壽宗要經受持讀誦設有重罪
猶如須彌盡能除滅陀羅尼曰 南謨薄伽勃底一 阿波唎蜜哆二 阿喻紇硯娜三 須毗你悉指陀四 囉佐
耶五 怛他羯他耶六 怛姪他唵七 薩婆桑悉迦囉八 波唎輸底九 達磨底十 伽伽娜十一 莎訶其持伽底十二
薩婆毗輸底十三 摩訶娜耶十四 波唎婆唎莎訶十五 若有自書寫教人書寫是无量壽宗要
經受持讀誦若魔〻之眷屬夜叉羅剎不得其便終无枉死陀羅尼曰 南謨薄伽勃底一
阿波唎蜜哆二 阿喻紇硯娜三 須毗你悉指陀四 囉佐耶五 怛他羯他耶六 怛姪他唵七 薩婆桑悉迦
囉八 波唎輸底九 達磨底十 伽伽娜十一 莎訶其持伽底十二 薩婆毗輸底十三 摩訶娜耶十四 波唎婆
唎莎訶十五 若有自書教人書寫是无量壽宗要經受持讀誦當命終時有九十九拘胝佛
現其人前來千佛授手能遊一切佛剎莫於此經生於疑惑陀羅尼曰 南謨薄伽勃底一 阿波唎蜜
哆二 阿喻紇硯娜三 須毗你悉指陀四 囉佐耶五 怛他羯他耶六 怛姪他唵七 薩婆桑悉迦囉八 波唎輸底
達磨底十 伽伽娜十一 莎訶其持伽底十二 薩婆毗輸底十三 摩訶娜耶十四 波唎婆唎莎訶十五
若有自書寫教人書寫是无量壽宗要經受持讀誦常得四天大王隨其衛護陀羅尼曰
南謨薄伽勃底一 阿波唎蜜哆二 阿喻紇硯娜三 須毗你悉指陀四 囉佐耶五 怛他羯他耶六 怛姪他唵

南謨薄伽勃底一阿波唎蜜哆二阿喻紇硯娜三須毗你悉指陁四囉佐耶五怛他羯他耶六怛姪他唵七
薩婆桑悉迦囉八波唎輸底九達磨底十伽迦娜十一莎訶其持迦底十二薩婆〻毗輸底十三摩訶
娜耶十四波唎婆唎莎訶十五　若有自書寫教人書寫是无量壽宗要經受持讀誦當往生
西方極樂世界阿弥陁淨土陁羅尼曰　南謨薄伽勃底一阿波唎蜜哆二阿喻紇硯娜三須毗你
悉指陁四囉佐耶五怛他羯他耶六怛姪他唵七薩婆桑悉迦囉八波唎輸底九達磨底十伽迦娜十一莎
訶其持迦底十二薩婆〻毗輸底十三摩訶娜耶十四波唎婆唎莎訶十五　若有自書寫使人書
寫是无量經典之處則爲是塔皆應恭敬作礼若是畜生或爲鳥獸得聞是經如是等類
皆當不久得成一切種智陁羅尼曰　南謨薄伽勃底一阿波唎蜜哆二阿喻紇硯娜三須毗你悉
指陁四囉佐耶五怛他羯他耶六怛姪他唵七薩婆桑悉迦囉八波唎輸底九達磨底十伽迦娜十一
莎訶其持迦底十二薩婆〻毗輸底十三摩訶娜耶十四波唎婆唎莎訶十五
若有於是无量壽經自書寫若使人書畢竟不受女人之身陁羅尼曰　南謨薄伽勃底一
阿波唎蜜哆二阿喻紇硯娜三須毗你悉指陁四囉佐耶五怛他羯他耶六怛姪他唵七薩婆桑悉
迦囉八波唎輸底九達磨底十伽迦娜十一莎訶其持迦底十二薩婆〻毗輸底十三摩訶娜耶十四
波唎婆唎莎訶十五　若有能於是經少分能惠施者等於三千大千世界滿中七寶布施陁羅尼曰
南謨薄伽勃底一阿波唎蜜哆二阿喻紇硯娜三須毗你悉指陁四囉佐耶五怛他羯他耶六怛姪他唵
七薩婆桑悉迦囉八波唎輸底九達磨底十伽迦娜十一莎訶其持迦底十二薩婆〻毗輸底十三摩訶娜耶十四
波唎婆唎莎訶十五　若有能供養是經者則是供養一切諸經等无有異陁羅尼曰　南謨薄伽勃底一阿

波唎婆唎莎訶十五　若有能供養是經者則是供養一切諸經等无有異陀羅尼曰　南謨薄伽勃底一阿
波唎蜜哆二阿喻紇硯娜三須毗你悉指陁四囉佐耶五怛他羯他耶六怛姪他唵七薩婆桑悉迦囉八波唎
輸底九達磨底十伽迦娜十一莎訶其持迦底十二薩婆毗輸底十三摩訶娜耶十四波唎婆唎莎訶十五
如是毗婆尸佛　尸弃佛　毗舍浮佛　俱留孫佛　俱那含牟尼佛　迦葉佛　釋迦牟尼佛　若有人以七寶供
養如是七佛其福有限書寫受持是无量壽經典所有功德不可限量陀羅尼曰
南謨薄伽勃底一阿波唎蜜哆二阿喻紇硯娜三須毗你悉指陁四囉佐耶五怛他羯他耶六怛姪他唵七
薩婆桑悉迦囉八波唎輸底九達磨底十伽迦娜十一莎訶其持迦底十二薩婆毗輸底十三摩訶
娜耶十四波唎婆唎莎訶十五　若有七寶等於須弥山用布施其福上能知其限量是无量壽經典
其福不可知數陀羅尼曰　南謨薄伽勃底一阿波唎蜜哆二阿喻紇硯娜三須毗你悉指陁四囉
佐耶五怛他羯他耶六怛姪他唵七薩婆桑悉迦囉八波唎輸底九達磨底十伽迦娜十一莎訶其持
迦底十二薩婆毗輸底十三摩訶娜耶十四波唎婆唎莎訶十五　如是四大海水可知滴數是无量壽經
典所生果報不可數量陀羅尼曰　南謨薄伽勃底一阿波唎蜜哆二阿喻紇硯娜三須毗你悉指陁四囉佐
耶五怛他羯他耶六怛姪他唵七薩婆桑悉迦囉八波唎輸底九達磨底十伽迦娜十一莎訶其持迦底十二
薩婆毗輸底十三摩訶娜耶十四波唎婆唎莎訶十五　若有自書寫使人書寫是无量壽經典
又能讃持供養即如恭敬供養一切十方佛土如来无有別異陀羅尼曰　南謨薄伽勃底一阿波
唎蜜哆二阿喻紇硯娜三須毗你悉指陁四囉佐耶五怛他羯他耶六怛姪他唵七薩婆桑悉迦囉八
波唎輸底九達磨底十伽迦娜十一莎訶其持迦底十二薩婆毗輸底十三摩訶娜耶十四波唎婆唎莎訶十五

波唎輸底九 達磨底十 伽伽娜十一 莎訶某持伽底十二 薩婆毗輸底十三 摩訶娜耶十四 波唎婆唎莎訶
布施力能成正覺 悟布施力人師子 布施力能聲普聞 慈悲階漸最能入 持戒力
能成正覺 悟持戒力人師子 持戒力能聲普聞 慈悲階漸最能入 忍辱力能成正覺
悟忍辱力人師子 忍辱力能聲普聞 慈悲階漸最能入 精進力能成正覺 悟精進力人師子
精進力能聲普聞 慈悲階漸最能入 禪定力能成正覺 悟禪定力人師子 禪定力能
聲普聞 慈悲階漸最能入 智慧力能成正覺 悟智慧力人師子 智慧力能聲普聞
慈悲階漸最能入 爾時如來說是經已一切世間天人阿脩羅揵闥婆等聞佛所說皆大歡喜
信受奉行

BD00578 大乘百法明門論開宗義決

（唐）曇曠 撰

BD00578v 外道百頭藍弗化身作夜叉緣（擬）

91.5cm×32cm

至涅槃來所說中道名第三時若花嚴等成道初說豈即初時古經字月
定判後先有此過失而不趣也　但以義類相從而說者謂三時教對不定性
仏隨根性說或前或後但雖前說對久根性義同第三即三時攝雖最後說
對初根性義同初說即初時攝故花嚴經成道初說義同第三時攝　契經
應頌諷誦等者此十二分教義類繁多今但略釋十二名相一者契經梵云修多羅
此有二相一通二別通即十二惣名契經別為長行緝綴義理會理合經故名為契
貫穿縫綴故名為經能契即經持業釋也契物之經然於主釋二者應誦梵云
祇夜舊名重誦偈應字俱平去二聲皆通長行雖說理未盡或有後來
聖不重義應更重述應後來人應有此誦應物之誦有財於主二釋皆通
三者諷誦梵云伽他舊云不重誦偈謂前未說直以誦明可諷詠故故名諷
誦可風之誦依主釋也四者記別梵云和伽羅那此有二相一記大人當成仏
事二記弟子死此生彼三謂記別諸法之義記即是別持業釋也五者目說梵

釋也七者譬喻梵云阿波陁那謂以喻況曉所説義唯舉已見邊顯未見邊令義
平等故名譬喻譬即是喻持業釋也八者本事梵云伊帝目多伽謂除自身
説過去弟子及法名為本事本緣即是本世之事持業於主二釋皆通九者
本生梵云闍陁那説仏自身在過去世彼彼之方所行菩薩行本緣即生本世之生然
通持業依主二釋十者方廣梵云毗仏略此有二相一為説行菩薩道二法廣多高
大長遠理正名方教多名廣廣方理之廣廣依主釋也十一希法梵云阿浮陁達磨名未曾
有經謂説八衆共得不共得及餘最勝驚異之法希有之法法即希有通於二釋十二
論議梵云優波提舍此有二相一仏自説謂諸經典循環研覈摩怛理迦二聖弟子見
已諦者依自所證无倒宣説論體即議持業釋也略廣分別十七地義者但直分別
十七地義而不決釋深隱奧義是故但名為本地分十七地者一者五識身相應地二
者意地三者尋伺地四者无尋唯伺地五者无尋无伺地六者三摩呬多地七者非
三摩呬多地八者有心地九者无心地十聞所成地十一思所成地十二思所成地十三聲聞地
十四獨覺地十五菩薩地十六有餘依地十七无餘依地故瑜伽論㧾頌云五識相應意有尋

十四獨覺地十五菩薩地十六有餘依地十七無餘依地故瑜伽論惣頌云五識相應意有尋
伺等三 三摩地俱非有心無心地 聞思脩所立 如是具三乘 有依及無依 是名十七地
廣釋名義如最勝子瑜伽論 言大乘者謂菩薩乘者大乘之言通因及果諸仏菩薩大
人乘言菩薩乘就因而論菩薩乘此到仏地故若言仏乘者約果而說一切諸仏本所
乘故簡異聲聞小人之乘故舉菩薩而釋大乘 就用理智而爲其體者以是能
證所證法故攝有無爲一切得故一切功德之依處故而理智正爲乘體而於教果
兼名乘者以教顯理得理要教智即是行有行成果是故教果兼名大
乘 小乘唯明七十五法者心法有一心所有法有四十六色法十一不相應行法有十四
種無爲有三如是共成七十五法 有說本事廣論未譯但録名等者若有
論廣此但録名不名別論何故題中云百法論若廣論中録名數者應言論
中略録名數寧言分中録名數也由此故知是要言耳 惣上九號具包三德六
義差別故名世尊者言九號者即十號中前之九號其弟子號名世尊者
由前九號故得名耳一者如來二者應正等覺即舊所云應供正遍知三明行

利衆生有恩德故一者智德即仏報身以大智慧成就一切諸功德故三者斷
德即仏法身由斷諸障顯現真如万德斯故言六義者一者自在永不繫屬
諸煩惱故二者熾盛炎猛智火所燒練故三者端嚴殊勝相好所莊嚴故四者
名稱一切世間咸稱讚故五者吉祥一切天人皆供養故六者尊貴利樂一切无
懈廢故　雖此二義名通无我等故此通伏難謂有難言既言法者是軌
持義此義合通下二无我何故五種獨名為法為通此難言雖此等　一軌唯
有體无法非緣不生心故者心緣有无生不生心有其二說一云緣无之時亦
得生心緣過去未來等亦名生境二云不生雖過未等外質是无而有影像
當情而現要緣影像方得生心无相分時心不生故是故无法不得成緣

邪定者外道百頭藍弗能得非非相定後財王數請供養乃見宮女端嚴遂失本定來時於空去
將依從後王問曰何得依地來我目前汝答云失定因此定乃更地從地遂於大樹下修本定久不得定
爲樹上飛鳥擾亂多聞說修定之不得遂於此樹於河岸側遂修其定爲何水中有多
魚鼓作大聲遂久不得其定遂立誓言云我欲我身作水獺身食此樹上飛鳥及
水中魚遂立誓化身作夜叉身食一切衆生肉令時至了之

BD00579

妙法蓮華經卷四

（後秦）鳩摩羅什 譯

BD00579v

妙法蓮華經卷五外題

145.8cm × 26cm

妙法蓮華經勸持品第十三

（4-1）

尒時藥王菩薩摩訶薩及大樂說菩薩摩訶
薩與二万菩薩眷屬俱皆於佛前作是誓言
唯願世尊不以為慮我等於佛滅後當奉持
讀誦說此經典後惡世衆生善根轉少多增
上慢貪利供養增不善根遠離解脫難可
教化我等當起大忍力讀誦此經持說書寫
種種供養不惜身命尒時衆中五百阿羅漢
得受記者白佛言世尊我等亦自誓願於異
國土廣說此經復有學无學八千人得受記
者從座而起合掌向佛作是誓言世尊我等
亦當於他國土廣說此經所以者何是娑婆
國中人多弊惡懷增上慢功德淺薄瞋濁諂
曲心不實故尒時佛姨母摩訶波闍波提比
丘尼與學无學比丘尼六千人俱從座而起

曲心不實故尒時佛姨母摩訶波闍波提比
丘尼與學无學比丘尼六千人俱從座而起
一心合掌瞻仰尊顔目不暫捨於時世尊告
憍曇弥何故憂色而視如来汝心將无謂我
不說汝名受阿耨多羅三藐三菩提記耶憍
曇弥我先揔說一切聲聞皆已受記今汝欲
知記者將来之世當於六万八千億諸佛法
中為大法師及六千學无學比丘尼俱為法
師汝如是漸漸具菩薩道當得作佛号一切
衆生憙見如来應供正遍知明行足善逝世
間解无上士調御丈夫天人師佛世尊憍曇
弥是一切衆生憙見佛及六千菩薩轉次授
記得阿耨多羅三藐三菩提尒時羅睺羅母
耶輸陁羅比丘尼作是念世尊於受記中獨

不說我名佛告耶輸陀羅汝於來世百万億
諸佛法中脩菩薩行為大法師漸具佛道於
善國中當得作佛号具足千万光相如來應
供正遍知明行足善逝世間解无上士調御
丈夫天人師佛世尊佛壽无量阿僧祇劫尒
時摩訶波闍波提比丘尼及耶輸陀羅比丘
尼并其眷屬皆大歡喜得未曾有即於佛前
而說偈言
世尊導師 安隱天人 我等聞記 心安具足
諸比丘尼說是偈已白佛言世尊我等亦能
於他方國廣宣此經
尒時世尊視八十万億那由他諸菩薩摩訶
薩是諸菩薩皆是阿惟越致轉不退法輪得
諸陀羅尼即從座起至於佛前一心合掌

薩是諸菩薩皆是阿惟越致轉不退法輪得
諸陁羅尼即從座起到於佛前一心合掌而
作是念若世尊告勅我等持說此經者當如
佛教廣宣斯法復作是念佛今嘿然不見告
勅我當云何時諸菩薩敬順佛意并欲自滿
本願便於佛前作師子吼而發誓言世尊我
等於如來滅後周旋往返十方世界能令衆
生書寫此經受持讀誦解說其義如法脩行
正憶念皆是佛之威力唯願世尊在於他方
遥見守護即時諸菩薩俱同發聲而說偈言
唯願不為慮　於佛滅度後　恐怖惡世中　我等當廣說
有諸無智人　惡口罵詈等　及加刀杖者　我等皆當忍
惡世中比丘　邪智心諂曲　未得謂為得　我慢心充滿
或有阿練若　納衣在空閑　自謂行真道　輕賤人間者

貪著利養故　與白衣說法　為世所恭敬　如六通羅漢
是人懷惡心　常念世俗事　假名阿練若　好出我等過
而作如是言　此諸比丘等　為貪利養故　說外道論議
自作此經典　誑惑世間人　為求名聞故　分別於是經
常在大眾中　欲毀我等故　向國王大臣　婆羅門居士
及餘比丘眾　誹謗說我惡　謂是邪見人　說外道論議
我等敬佛故　悉忍是諸惡　為斯所輕言　汝等皆是佛
如此輕慢言　皆當忍受之
濁劫惡世中　多有諸恐怖　惡鬼入其身　罵詈毀辱我
我等敬信佛　當著忍辱鎧　為說是經故　忍此諸難事
我不愛身命　但惜无上道　我等於來世　護持佛所囑
世尊自當知　濁世惡比丘　不知佛方便　隨宜所說法
惡口而顰蹙　數數見擯出　遠離於塔寺　如是等眾惡
念佛告勅故　皆當忍是事

惡口而頻蹙　數數見擯出　遠離於塔寺　如是等衆惡
念佛告勑故　皆當忍是事
諸聚落城邑　其有求法者　我皆到其所　說佛所囑法
我是世尊使　處衆无所畏　我當善說法　願佛安隱住
我於世尊前　諸來十方佛　發如是誓言　佛自知我心

妙法蓮華經卷第五

BD00579v　妙法蓮華經卷五外題

BD00580

金剛般若波羅蜜經

（後秦）鳩摩羅什 譯

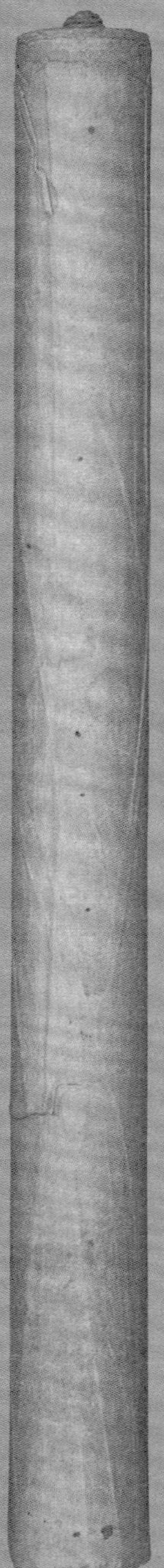

266cm × 26cm

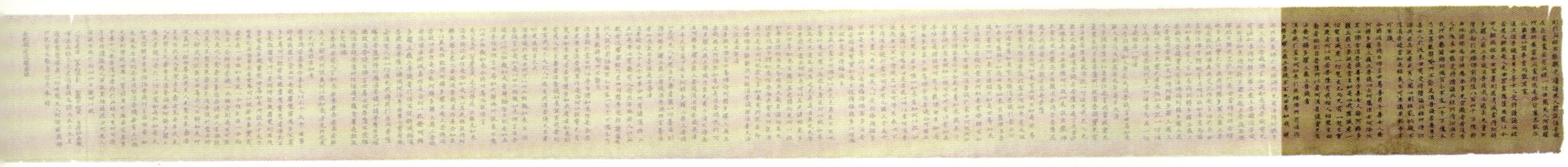

則於此經不能聽受讀誦為人解說須菩提
在在處處若有此經一切世間天人阿脩羅
所應供養當知此處則為是塔皆應恭敬作
礼圍遶以諸華香而散其處
復次須菩提善男子善女人受持讀誦此經
若為人輕賤是人先世罪業應墮惡道以今
世人輕賤故先世罪業則為消滅當得阿耨
多羅三藐三菩提須菩提我念過去无量阿
僧祇劫於然燈佛前得值八百四千万億那
由他諸佛悉皆供養承事无空過者若復有
人於後末世能受持讀誦此經所得功德於
我所供養諸佛功德百分不及一千万億分
乃至筭數譬喻所不能及須菩提若善男子

善女人於後末世有受持讀誦此經所得功
德我若具說者或有人聞心則狂亂狐疑不
信須菩提當知是經義不可思議果報亦不
可思議
尒時須菩提白佛言世尊善男子善女人發
阿耨多羅三藐三菩提心云何應住云何降伏
其心佛告須菩提善男子善女人發阿耨多
羅三藐三菩提者當生如是心我應滅度一
切衆生滅度一切衆生已而无有一衆生實
滅度者何以故若菩薩有我相人相衆生相
壽者相則非菩薩所以者何須菩提實无有
法發阿耨多羅三藐三菩提者
須菩提於意云何如來於然燈佛所有法得
阿耨多羅三藐三菩提不不也世尊如我解

須菩提於意云何如來於然燈佛所有法得
阿耨多羅三藐三菩提不不也世尊如我解
佛所說義佛於然燈佛所无有法得阿耨多
羅三藐三菩提佛言如是如是須菩提實无
有法如來得阿耨多羅三藐三菩提須菩提
若有法如來得阿耨多羅三藐三菩提然燈
佛則不與我受記汝於來世當得作佛号釋
迦牟尼以實无有法得阿耨多羅三藐三菩
提是故然燃佛與我受記作是言汝於來世
當得作佛号釋迦牟尼何以故如來者即諸
法如義若有人言如來得阿耨多羅三藐三
菩提須菩提實无有法佛得阿耨多羅三藐
三菩提須菩提如來所得阿耨多羅三藐三
菩提於是中无實无虛是故如來說一切法

皆是佛法須菩提所言一切法者即非一切
法是故名一切法
須菩提譬如人身長大須菩提言世尊如來
說人身長大則為非大身是名大身
須菩提菩薩亦如是若作是言我當滅度无
量衆生則不名菩薩何以故須菩提實无有
法名為菩薩是故佛說一切法无我无人无
衆生无壽者須菩提若菩薩作是言我當莊
嚴佛土是不名菩薩何以故如來說莊嚴佛
土者即非莊嚴是名莊嚴須菩提若菩薩通
達无我法者如來說名真是菩薩
須菩提於意云何如來有肉眼不如是世尊
如來有肉眼須菩提於意云何如來有天眼
不如是世尊如來有天眼須菩提於意云何

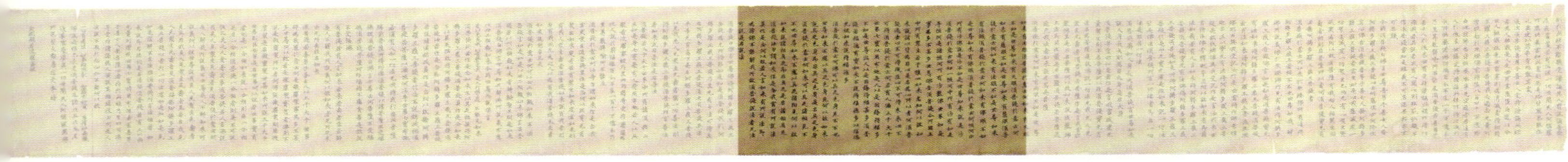

如来有肉眼須菩提於意云何如来有天眼
不如是世尊如来有天眼須菩提於意云何
如来有慧眼不如是世尊如来有慧眼須菩
提於意云何如来有法眼不如是世尊如来
有法眼須菩提於意云何如来有佛眼不如
是世尊如来有佛眼須菩提於意云何恒河中
所有沙佛說是沙不如是世尊如来說是沙
須菩提於意云何如一恒河中所有沙有如是
等恒河是諸恒河所有沙數佛世界如是
寧爲多不甚多世尊佛告須菩提尒所國土
中所有衆生若干種心如来悉知何以故如
来說諸心皆爲非心是名爲心所以者何須菩
提過去心不可得現在心不可得未来心不
可得須菩提於意云何若有人滿三千大千

世界七寶以用布施是人以是因緣得福
不如是世尊此人以是因緣得福甚多須菩
提若福德有實如來不說得福德多以福德
无故如來說得福德多
須菩提於意云何佛可以具足色身見不不也
世尊如來不應以具足色身見何以故如來
說具足色身即非具足色身是名具足色身
須菩提於意云何如來可以具足諸相見不
不也世尊如來不應以具足諸相見何以故
如來說諸相具足即非具足是名諸相具足
須菩提汝勿謂如來作是念我當有所說法
莫作是念何以故若人言如來有所說法即
為謗佛不能解我所說故須菩提說法者无法
可說是名說法

謗佛不能解我所說故須菩提說法者无法
可說是名說法
須菩提白佛言世尊佛得阿耨多羅三藐三
菩提為无所得耶如是如是須菩提我於阿
耨多羅三藐三菩提乃至无有少法可得是
名阿耨多羅三藐三菩提復次須菩提是法
平等无有高下是名阿耨多羅三藐三菩提
以无我无人无衆生无壽者脩一切善法則
得阿耨多羅三藐三菩提須菩提所言善法
者如來說非善法是名善法
須菩提若三千大千世界中所有諸須彌山
王如是等七寶聚有人持用布施若人以此
般若波羅蜜經乃至四句偈等受持讀誦為
他人說於前福德百分不及一百千萬億分乃

至算數譬喻所不能及
須菩提於意云何汝等勿謂如來作是念我
當度衆生須菩提莫作是念何以故實无有
衆生如來度者若有衆生如來度者如來則
有我人衆生壽者須菩提如來說有我者則
非有我而凡夫之人以為有我須菩提凡夫者
如來說則非凡夫
須菩提於意云何可以卅二相觀如來不須
菩提言如是如是以卅二相觀如來佛言須菩
提若以卅二相觀如來者轉輪聖王則是如來
須菩提白佛言世尊如我解佛所說義不應
以卅二相觀如來尒時世尊而說偈言
若以色見我　以音聲求我　是人行邪道　不能見如來
須菩提汝若作是念如來不以具足相故得阿

須菩提汝若作是念如來不以具足相故得阿
耨多羅三藐三菩提須菩提莫作是念如來
不以具足相故得阿耨多羅三藐三菩提須
菩提汝若作是念發阿耨多羅三藐三菩提
者說諸法斷滅莫作是念何以故發阿耨
多羅三藐三菩提者於法不說斷滅相須
菩提若菩薩以滿恒河沙等世界七寶布施
若復有人知一切法无我得成於忍此菩薩
勝前菩薩所得功德須菩提以諸菩薩不受福
德故須菩提白佛言世尊云何菩薩不受福
德須菩提菩薩所作福德不應貪著是故說
不受福德

是人不解我所說義何以故如來者无所從來
亦无所去故名如來
須菩提若善男子善女人以三千大千世界
碎為微塵於意云何是微塵衆寧為多不甚
多世尊何以故若是微塵衆實有者佛則不
說是微塵衆所以者何佛說微塵衆則非微
塵衆是名微塵衆世尊如來所說三千大千
世界則非世界是名世界何以故若世界實有
者則是一合相如來說一合相則非一合相
是名一合相須菩提一合相者則是不可說
但凡夫之人貪著其事須菩提若人言佛說
我見人見衆生見壽者見須菩提於意云何
是人解我所說義不世尊是人不解如來所
說義何以故世尊說我見人見衆生見壽者

是人解我所說義不世尊是人不解如來所
說義何以故世尊說我見人見衆生見壽者
見即非我見人見衆生見壽者見是名我見
人見衆生見壽者見須菩提發阿耨多羅三
藐三菩提心者於一切法應如是知如是見
如是信解不生法相須菩提所言法相者如
來說即非法相是名法相須菩提若有人以滿
无量阿僧祇世界七寶持用布施若有善男
子善女人發菩薩心者持於此經乃至四句偈
等受持讀誦為人演說其福勝彼云何為人
演說不取於相如如不動何以故
一切有為法　如夢幻泡影　如露亦如電　應作如是觀
佛說是經已長老須菩提及諸比丘比丘尼
優婆塞優婆夷一切世間天人阿脩羅聞佛

所説皆大歡喜信受奉行

金剛般若波羅蜜經

BD00581 無量壽宗要經（甲本）

BD00581v 雜寫

175.5cm × 31.5cm

攝死者衆曼殊如是无量壽如來功德……聞名号〻若自書或使
卷受持讀誦若於舍宅所住之處以種〻花鬘瓔珞塗香末香而為供養如其命盡復得延年滿
足百歲如是曼殊若有衆生得聞是无量壽智決定王如來百八名号者益其長壽〻若有衆生大命將
盡憶念是如來名号便得增壽如是曼殊〻若有善男子善女人欲求長壽於是无量壽如來百八名号
有得聞者或自書若使人書受持讀誦等如來等果報福德具足陁羅尼曰 南謨薄伽勃底一 阿波利蜜哆二
阿利蜜哆三 須毗你志指陁四 囉佐耶五 怛他羯他耶六 怛姪他唵七 薩婆桑志迦囉八 鉢利輸底九 達磨
底十 伽迦娜十一 莎訶某持迦底十二 薩婆婆毗輸底十三 摩訶娜耶十四 波利婆利莎訶十五
世尊復告曼殊室利如是如來百八名号若自書或使人書能為經
卷受持讀誦如壽盡命後得人身後得往生无量福智世界无量壽淨土陁羅尼曰 南謨薄伽勃底一
阿波利蜜哆二 阿喻紇硯娜三 阿喻紇硯娜三 須毗你志指陁四 囉佐耶五 怛他羯他耶六 怛姪他耶唵七 薩婆
婆桑志迦囉八 鉢利輸底九 達磨底十 伽迦娜十一 莎訶某持迦底十二 薩婆婆毗輸底十三 摩訶娜耶 波利婆利莎訶十五
尒時有九十九俱胝佛時同聲時說是无量壽宗要經陁羅尼曰 南謨薄伽勃底一 阿波利蜜哆二
阿喻紇硯娜三 須毗你志指陁四 囉佐耶五 怛他羯他耶六 怛姪他唵七 薩婆桑志迦囉八 鉢利輸底九
達磨底十 伽迦娜十一 莎訶某持迦底十二 薩婆婆毗輸底十三 摩訶娜耶十四 波利婆利莎訶十五
尒時有七俱胝佛一時同說是无量壽宗要經陁羅尼曰 南謨薄伽勃底一 阿波利蜜哆二 阿喻紇硯娜三

尒時有七姟佛一時同說是无量壽宗要經陁羅尼曰 南謨薄伽勃底一 阿波唎蜜哆二 阿喻紇硯娜三
羅佐耶五 怛他羯他耶六 怛姪他唵七 薩婆桒悉迦羅八 鉢唎輸底九 達磨底十 伽迦娜十一 莎訶某持
迦底十二 薩婆婆毗輸底十三 摩訶某娜耶十四 波唎婆唎莎訶十五
尒時復有六十五姟佛一時同聲說是无量壽宗要經陁羅尼曰 南謨薄伽勃底一 阿波唎蜜哆二 阿喻紇
硯娜三 須毗你志指陁四 羅佐耶五 怛他羯他耶六 怛姪他唵七 薩婆桒悉指迦羅八 鉢唎輸底九
達磨底十 伽迦娜十一 莎訶某特迦底十二 薩婆婆毗輸底十三 摩訶娜耶十四 波唎婆唎莎訶十五
尒時復有五十五姟佛一時同聲說是无量壽宗要經陁羅尼曰 南謨薄伽勃底一 阿波唎蜜哆二
阿喻紇硯娜三 須毗你志指陁四 羅佐耶五 怛他羯他耶六 怛他姪唵七 薩婆桒悉迦羅八 鉢唎輸底
達磨底十 伽迦娜十一 莎訶某特迦底十二 薩婆婆毗輸底十三 摩訶娜耶十四 波唎婆唎莎訶十五
尒時復有四十五姟佛一時同聲是說无量壽宗要經陁羅尼曰 南謨薄伽勃底一 阿波唎蜜哆二
阿喻紇硯娜三 須毗你志指陁四 羅佐耶五 怛他羯他耶六 怛姪他唵七 薩婆桒悉迦羅八 鉢唎
輸底九 達磨底十 伽迦娜十一 莎訶某特迦底十二 薩婆婆毗輸底十三 摩訶娜耶 波唎婆唎莎訶
尒時復有三十五姟佛一時同聲說是无量壽宗要經陁羅尼曰 南謨薄伽勃底一 阿波唎蜜哆二 阿
喻紇硯娜三 須毗你志指陁四 羅佐耶五 怛他羯他耶六 怛姪他唵七 薩婆桒悉迦羅八 鉢唎輸底

爾紇硯娜三 須毗你悉指陀四 羅佐耶五 怛他羯他耶六 怛姪他唵七 薩婆桑悉迦羅八 鉢利輸底九
達磨底十 伽伽娜十一 莎訶某持迦底十二 薩婆桑悉迦羅婆毗輸底十三 摩訶娜耶十四
波利婆利莎訶十五 尒時復有二十五姟佛一時同聲說是無量壽宗要經陀羅尼曰
南謨薄伽勃底一 阿利蜜多二 阿爾紇硯娜三 須毗你悉指陀四 羅佐耶五 怛他羯他耶六
怛姪他唵七 薩婆桑悉迦羅八 鉢利輸底九 達磨底十 伽伽娜十一 莎訶某持迦底十二 薩婆婆
毗輸底十三 摩訶娜耶十四 波利婆利莎訶十五 尒時復有恒河沙姟佛一時同聲說是无量壽
宗要經陀羅尼曰 南謨薄伽勃底一 阿波利蜜多二 阿爾紇硯娜三 須毗你悉指陀四 羅佐耶
怛他羯他耶六 怛姪他唵七 薩婆桑悉迦羅八 鉢利輸底九 達磨底十 伽伽娜十一 莎訶某持
迦底十二 薩婆婆毗輸底十三 摩訶娜耶十四 波利婆利莎訶十五
善男子若有自書寫教人書寫是无量壽宗要經如其命盡復得長壽而滿百年陀羅尼曰
南謨薄伽勃底一 阿波利蜜多二 阿爾紇硯娜三 須毗你悉指陀四 羅佐耶五 怛他羯他耶六 怛姪他唵
薩婆桑悉迦羅八 鉢利輸底九 達磨底十 伽伽娜十一 薩婆桑悉 莎訶某持迦底十二 薩婆婆
毗輸底十三 摩訶娜耶十四 波利婆利莎訶十五
若有自書寫教人書寫是无量壽宗要經讀誦受持畢竟不須墮地獄在在所生得宿命智陀羅尼曰
南謨薄伽勃底一 阿波利蜜多二 阿波紇硯娜三 須毗你悉指陀四 羅佐耶五 怛他羯他耶六
怛姪他唵七 薩婆桑悉迦羅八 鉢利輸底九 達磨底十 伽伽娜十一 莎訶某持迦底十二

怛姪他唵七　薩婆桑悉迦羅八　鉢利輸底九　達磨底十　伽迦娜十一　莎訶娑特迦底十二

薩婆婆毗輸底十三　摩訶娜耶十四　波利婆利婆莎訶

若有自書寫教人書寫是无量壽宗要經受持讀誦如同書寫八万四千一切經典陁羅尼曰

南謨薄伽勃底一　阿波利蜜多二　阿喻紇硯娜三　須毗你悉指陁四　羅佐耶五　怛他羯他耶

怛姪他唵七　薩婆桑悉迦羅八　鉢利輸底九　達摩底十　伽迦娜十一　莎訶娑特迦底十二

薩婆婆毗輸底十三　摩訶娜耶十四　波利婆利莎訶十五

若有自書寫教人書寫是无量壽宗要經受持讀誦如同書寫八万四千部建立塔廟陁羅尼曰

南謨薄伽勃底一　阿波利蜜多二　阿喻紇硯娜三　須毗你悉迦羅指陁四　羅佐耶五　怛他羯他耶

怛姪他唵七　薩婆桑悉迦羅八　鉢利輸底九　達磨底十　伽迦娜十一　莎訶娑特迦底十二

薩婆婆毗輸底十三　摩訶娜耶十四　波利婆利莎訶

若有書寫教人書寫是无量壽宗要經能消五無間等一切重罪陁羅尼曰

南謨薄伽勃底一　阿波利蜜多二　阿喻紇硯娜三　須毗你悉指陁四　羅佐耶五　怛他羯他耶

怛姪他唵七　薩婆桑悉迦羅八　鉢利輸底九　達磨底十　伽迦娜十一　莎訶娑特迦底十二　薩婆

婆毗輸底十三　摩訶娜耶十四　波利婆利莎訶十五

若有自書寫教人書寫是无量壽宗要經受持讀誦設有重罪猶如須彌能除滅陁羅尼曰

若有自書寫教人書寫是无量壽宗要經受持讀誦設有重罪猶如須彌能除滅陀羅尼曰
南謨薄伽勃底一 阿波利蜜多二 阿喻紇硯娜三 須毗你悉指陀四 羅佐耶五 怛他羯他耶六
怛姪他唵七 薩婆桑悉迦羅八 鉢利輸底九 達磨底十 伽迦娜十一 莎訶某特迦底十二
薩婆婆毗輸底十三 摩訶娜耶十四 波利婆利莎訶十五
若有書寫教人書寫是无量壽宗要經受持讀誦若魔〻之眷屬夜叉羅剎不得其便終无枉死陀羅尼曰
南謨薄伽勃底一 阿波利蜜多二 阿喻紇硯娜三 須毗你悉指陀四 羅佐耶五 怛他羯他耶六
怛姪他唵七 薩婆桑悉迦羅八 鉢利輸底九 達磨底十 伽迦娜十一 莎訶某特迦底十二
薩婆婆毗輸底十三 摩訶娜耶十四 波利婆利莎訶十五
若有自書寫教人書寫是无量壽宗要經受持讀誦當命終時有九十九俱胝佛現其人前來千授手能往
一切佛剎莫於此經生於疑惑陀羅尼曰 南謨薄伽勃底一 阿波利蜜多二 阿喻紇硯娜三 須
毗輸你悉指陀四 羅佐耶五 怛他羯他耶六 怛姪他唵七 薩婆桑悉迦羅八 鉢利輸底九
達磨底十 伽迦娜十一 莎訶某特迦底十二 薩婆婆毗輸底十三 摩訶某娜耶十四 波利婆利莎訶
若有書寫教人書寫是无量壽宗要經受持讀誦當得四天大王隨其衛護陀羅尼曰
南謨薄伽勃底一 阿波利蜜多二 阿喻紇硯娜三 須毗輸你悉指陀四 羅佐耶五 怛他羯他
耶六 怛姪他唵七 薩婆桑悉迦羅八 鉢利輸底九 達磨底十 伽迦娜十一 莎訶某特迦
底十二 薩婆婆毗輸底十三 摩訶娜耶十四 波利婆利莎訶十五
若有自書寫教人書寫是无量壽宗要經受持讀誦當得往生西方極樂世界阿弥陀佛淨土陀羅尼曰
南謨薄伽勃底一 阿波利蜜多二 阿喻紇硯娜三 須毗你悉指陀四 羅佐耶五 怛他羯他耶六

南謨薄伽勃底一 阿波利蜜哆二 阿喻紇硯娜三 須毗你悉指陀四 羅佐耶五 怛他羯他耶六
怛姪他唵七 薩婆桑悉迦羅八 鉢利輸底九 達磨底十 伽伽娜十一 莎訶其持迦底十二 薩婆
婆毗輸底十三 摩訶娜耶十四 波利婆利莎訶十五
若有自書寫教人書寫是无量壽經典之處則為是塔皆應供養作礼若是畜生或為鳥獸得聞
是經如是等類皆當不久得成一切種智陀羅尼曰 南謨薄伽勃底一 阿波利蜜哆二 阿喻紇硯娜
須毗你悉指陀四 羅佐耶五 怛他羯他耶六 怛姪他唵七 薩婆桑悉迦羅八 鉢利輸底九
達磨底十 伽伽娜十一 莎訶其持迦底十二 薩婆婆毗輸底十三 摩訶娜耶十四 波利婆利莎訶
若有於是无量壽經若書寫教人書寫畢竟不受女人之身陀羅尼曰
南謨薄伽勃底一 阿波利蜜哆二 阿喻紇硯娜三 須毗你悉指陀四 羅佐耶五 怛他羯他耶六 怛姪他唵
薩婆桑悉迦羅八 鉢利輸底九 達磨底十 伽伽娜十一 莎訶其持迦底十二 薩婆婆毗輸底
摩訶娜耶十四 波利婆利莎訶十五
若有能於是經少分布施者等於三千大千世界滿中七寶而布施陀羅尼曰
南謨薄伽勃底一 阿波利蜜哆二 阿喻紇硯娜三 須毗你悉指陀四 羅佐耶五 怛他羯他耶六 怛姪他唵
薩婆桑悉迦羅八 鉢利輸底九 達磨底十 伽伽娜十一 莎訶其持迦底十二 薩婆婆毗輸底
摩訶娜耶十四 波利婆利莎訶十五
若有能供養是經者即是供養一切諸經等无有異陀羅尼曰 南謨薄伽勃底一 阿波利蜜哆二

若有能供養是經者即是供養一切諸經等无有異陁羅尼曰 南謨薄伽勃底一 阿波利蜜哆二
阿喻紇硯娜三 須毗你悉指陀四 囉佐耶五 怛他羯他耶六 怛姪他俺七 薩婆桑悉迦囉八 鉢利輸
底九 達磨底十 伽迦娜十一 莎訶其特迦底十二 薩婆婆毗輸底十三 摩訶娜耶十四 波利婆利莎訶
如是毗婆尸佛尸弃佛 毗舍浮佛 俱留孫佛 俱那含牟尼佛 迦葉佛釋迦牟尼佛 若有以七寶供養七如是
其福有限書寫受持是无量壽經典所有功德不可限量陁羅尼曰
南謨薄伽勃底一 阿波利蜜哆二 阿喻紇硯娜三 須毗你悉指陀四 囉佐耶六 怛他羯他耶七 薩婆桑悉迦囉八
鉢利輸底九 達磨底十 伽迦娜十一 莎訶其特迦底十二 薩婆婆毗輸利底十三 摩訶娜耶十四 波利婆利莎訶十五
若有七寶等於須弥以用布施其福上能知其限量是无量壽經其福不可知數陁羅尼曰
南謨薄伽勃底一 阿波利蜜哆二 阿喻紇硯娜三 須毗你悉指陀四 囉佐耶五 怛他羯他耶六 怛姪他俺
薩婆桑悉迦囉八 鉢利輸底九 達磨底十 伽迦娜十一 莎訶其特迦底十二 薩婆婆毗輸
底十三 摩訶娜耶十四 波利輸婆利莎訶十五
如是四大海水可知滴數是无量壽經典所生果報不可數量陁羅尼曰
南謨薄伽勃底一 阿波利蜜哆二 阿喻紇硯娜三 須毗你悉指陀四 囉佐耶五 怛他羯他耶六 怛姪
他俺七 薩婆桑悉迦囉八 鉢利輸底九 達磨底十 伽迦娜十一 莎訶其特迦底十二 薩婆毗
輸底十三 摩訶娜耶十四 波利婆利莎訶十五
若有自書寫教人書寫是无量壽宗要經典不能讓持供養一切十方佛土如來无有別異陁羅尼曰
南謨薄伽勃底一 阿波利蜜哆二 阿喻紇硯娜三 須毗你悉指陀四 囉佐耶五 怛他羯他耶六 怛姪他俺七 薩婆
桑悉迦囉八 鉢利輸底九 達磨底十 伽迦娜十一 莎訶其特迦底十二 薩婆婆毗輸底十三 摩訶娜耶十四

素志迦羅八 鉢剌輸底九 達摩底十 伽迦娜十一 莎訶其持特迦底十二 薩婆婆毗輸底十三 摩訶娜耶十四

波利婆利莎訶十五

布施力能成正覺　悟布施人師子　布施力能聲普聞　慈悲階漸最能入

持戒力能成正覺　悟持戒力人師子　持戒力能聲普聞　慈悲階漸最能入

忍辱力能成正覺　悟忍辱力人師子　忍辱力能聲普聞　慈悲階漸最能入

精進力能成正覺　悟精進力人師子　精進力能聲普聞　慈悲階漸最能入

禪定力能成正覺　悟禪定力人師子　禪定力能聲普聞　慈悲階漸最能入

智慧力能成正覺　悟智慧力人師子　智慧力能聲普聞　慈悲階漸最能入

爾時如來說是已，一切天人阿脩揵闥婆等聞佛所說，皆大歡喜，信受奉

行

佛說無量壽宗要經

重書

屋

BD00581v　雜寫

BD00582 大佛頂如來密因修證了義諸菩薩萬行首楞嚴經卷五

（唐）般剌蜜帝 譯

586.3cm×25.5cm

大佛頂如來密因脩證了義諸菩薩萬行首楞嚴經弟五
一名中印度那蘭陁大道場
經於灌頂部録出別行
阿難白佛言世尊如來雖說弟二義門今觀
世間解結之人若不知其所結之元我信是
人終不能解世尊我及會中有學聲聞亦復
如是從无始際與諸无明俱滅俱生雖得如
是多聞善根名為出家猶隔日瘧唯願大慈

[illegible]生得免輪迴不落三有作是
語已普及大眾五體投地雨淚翹誠佇佛如
來无上開示
尒時世尊憐愍阿難及諸會中諸有學者
亦為未來一切眾生為出世因作將來眼以
閻浮檀紫光金手摩阿難頂即時十方普佛
世界六種振動微塵如來住世界者各有寶光
從其頂出其光同時於彼世界來祇陁林灌
如來頂是諸大眾得未曾有於是阿難及諸
大眾俱聞十方微塵如來異口同音告阿難
言善哉阿難汝欲識知俱生无明使汝輪轉
生死結根唯汝六根更无他物汝復欲知无
上菩提令汝速證安樂解脫寂靜妙常亦汝
六根更非他物阿難雖聞如是法音心猶未
明稽首白佛云何令我生死輪迴安樂妙常同是

BD00582　大佛頂如來密因修證了義諸菩薩萬行首楞嚴經卷五

六根更非他物阿難雖聞如是法音心猶未
明稽首白佛云何令我生死輪迴安樂妙常同是
六根更非他物佛告阿難根塵同源縛脫无
二識性虛妄猶如空花阿難由塵發知因根
有相相見无性同於交蘆是故汝今知見立
知即无明本知見无見斯即涅槃无漏真淨
云何是中更容他物尒時世尊欲重宣此
義而說偈言
真性有爲空　緣生故如幻　无爲无起滅　不實如空花
言妄顯諸真　妄真同二妄　猶非真非真　云何見所見
中間无實性　是故若交蘆　結解同所因　聖凡无二路
汝觀交中性　空有二俱非　迷晦即无明　發明便解脫
解結因次第　六解一亦亡　根選擇圓通　入流成正覺
陀那微細識　習氣成暴流　真非真恐迷　我常不開演

幻法云何立　是名妙蓮華　金剛王寶覺　如幻三摩提
彈指超无學　此阿毗達磨　十方薄伽梵　一路涅槃門
於是阿難及諸大眾聞佛如來无上慈誨祇
夜伽陀雜糅精瑩妙理清徹心目開明歎未
曾有阿難合掌頂礼白佛我今聞佛无遮大
悲性淨妙常真實法句心猶未達六解一亡
舒結倫次唯垂大慈再愍斯會及與將來
施以法音洗滌沉垢
即時如來於師子座整涅槃僧斂僧伽梨攬
七寶机引手於机取劫波羅天所奉花巾於
大眾前綰成一結示阿難言此名何等阿難
大眾俱白佛言此名為結於是如來綰疊花
巾又成一結重問阿難此名何等阿難大眾
又白佛言此亦名結如是倫次綰疊花巾總成
六結一一結成皆取手中所成之結持問阿

BD00582　大佛頂如來密因修證了義諸菩薩萬行首楞嚴經卷五

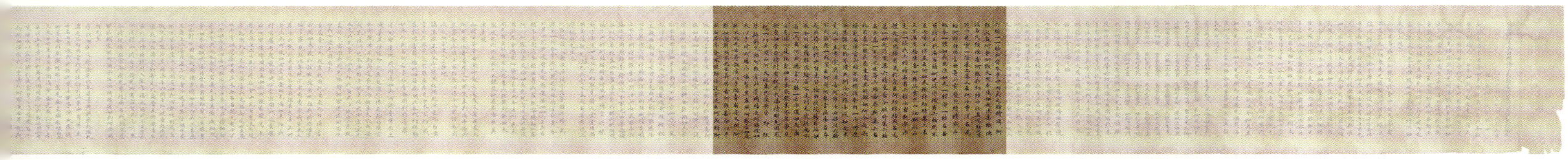

六結一一結成皆取手中所成之結持問阿
難此名何等阿難大衆亦復如是次第酬佛
此名爲結佛告阿難我初綰巾汝名爲結此疊
花巾先實一條第二第三云何汝曹復名爲
結阿難白佛言世尊此寶疊花緝績成巾
雖本一體如我思惟如來一綰得一結名若
百綰成終名百結何況此巾秖有六結終不
至七亦不停五云何如來秖許初時第二第
三不名爲結佛告阿難此寶花巾汝知此巾
元止一條我六綰時名有六結汝審觀察巾
體是同因結有異於意云何初綰結成名爲
第一如是乃至第六結生吾今欲將第六結
名成第一不不也世尊六結若存斯第六名

令其雜亂終不得成則汝六根亦復如是畢
竟同中生畢竟異佛告阿難汝必嫌此六結
不成願樂一成復云何得阿難言此結若存
是非鋒起於中自生此結非彼彼結非此如
來今日若總解除結若不生則无彼此尚不
名一六云何成佛言六解一亦復如是由
汝无始心性狂亂知見妄發發妄不息勞見
發塵如勞目睛則有狂花於湛精明无因亂
起一切世間山河大地生死涅槃皆 即 狂
勞顛倒花相阿難言此勞同結云何解除如
來以手將所結巾偏掣其左問阿難言如是
解不不也世尊旋復以手偏牽右邊又問阿
難如是解不不也世尊佛告阿難吾今以手
左右各牽竟不能解汝設方便云何成解阿

BD00582　大佛頂如來密因修證了義諸菩薩萬行首楞嚴經卷五

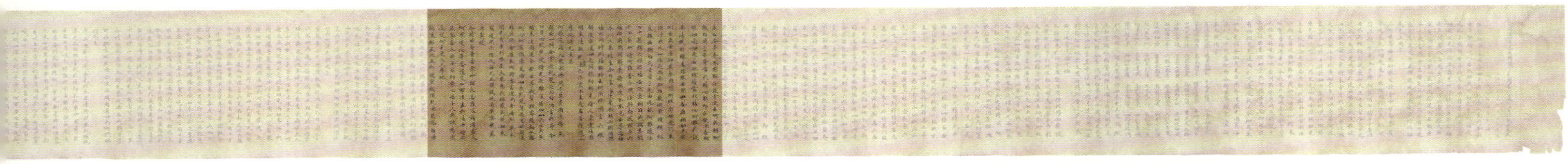

左右各牽竟不能解汝設方便云何成解阿
難白佛言世尊當於結心解即分散佛告阿
難如是如是若欲除結當於結心阿難我說
佛法從因緣生非取世間和合麁相如來發
明世出世法知其本因隨所緣出如是乃至
恒沙界外一滴之雨亦知頭數現前種種松
直棘曲鵠白烏玄皆了元由是故阿難隨汝
心中選擇六根根結若除塵相自滅諸妄銷
亡不真何待阿難吾今問汝此劫波羅巾六
結現前同時解縈得同除不不也世尊是結
本以次第綰生今日當須次第而解六結同體
結不同時則結解時云何同除佛言六根
解除亦復如是此根初解先得人空空性圓
明成法解脫解脫法已俱空不生是名菩薩從三

阿難及諸大衆蒙佛開示慧覺圓通得無
疑惑一時合掌頂礼雙足而白佛言我等今
日身心皎然快得无礙雖復悟知一六亡義然
猶未達圓通本根世尊我輩飄零積劫孤露
何心何慮預佛天倫如失乳兒忽遇慈毋若復
因此際會道成所得密言還同本悟則與未
聞无有差別唯垂大悲惠我秘嚴成就如來
最後開示作是語已五體投地退藏密機冀
佛冥授
尒時世尊普告衆中諸大菩薩及諸漏盡大
阿羅漢汝等菩薩及阿羅漢生我法中得成
無學吾今問汝最初發心悟十八界誰爲圓
通從何方便入三摩地
憍陳那五比丘即從座起頂礼佛足而白佛

憍陳那五比丘即從座起頂礼佛足而白佛
言我在鹿菀及於雞園觀見如來最初成
道於佛音聲悟明四諦佛問比丘我初稱解
如來印我名阿若多妙音密圓我於音聲
得阿羅漢佛問圓通如我所證音聲為上
優婆尼沙陁即從座起頂礼佛足而白佛言
我亦觀佛最初成道觀不淨相生大猒離悟
諸色性以從不淨白骨微塵歸於虛空空色
二无成无學道如來印我名尼沙陁塵色既
盡妙色密圓我從色相得阿羅漢佛問圓通
如我所證色因為上
香嚴童子即從座起頂礼佛足而白佛言
我聞如來教我諦觀諸有為相我時辭佛宴
晦清齋見諸比丘燒沉水香香氣寂然來入

鼻中我觀此氣非木非空非煙非火去無所
著来無所從由是意銷發明无漏如来印我
得香嚴号塵氣倏滅妙香密圓我從香嚴
得阿羅漢佛問圓通如我所證香嚴為上
藥王藥上二法王子并在會中五百梵天即從
座起頂礼佛足而白佛言我无始劫為世良醫
口中嘗此娑婆世界草木金石名數凡有十万
八千如是悉知苦酢醎淡甘辛等味并諸和合
俱生變異是冷是熱有毒无毒悉能遍知承
事如来妙知味性非空非有非即身心非離身
心分別味因從是開悟蒙佛如来印我昆季藥
王藥上二菩薩名今於會中為法王子因味覺
明位登菩薩佛問圓通如我所證味因為上
跋陀婆羅并其同伴十六開士即從座起頂礼
佛足而白佛言我等先於威音王佛聞法出

BD00582　大佛頂如來密因修證了義諸菩薩萬行首楞嚴經卷五

佛足而白佛言我等先於威音王佛聞法出
家於浴僧時隨例入室忽悟水因既不洗塵亦
不洗體中間安然得无所有宿習無忘乃至
今時從佛出家今得无學彼佛名我跋陁婆
羅妙觸宣明成佛子住佛問圓通如我所證觸
因為上
摩訶迦葉及紫金光比丘尼等即從座起頂礼
佛足而白佛言我於往劫於此界中有佛出
世名日月燈我得親近聞法修學佛滅度後
供養舍利然燈續明以紫光金塗佛形像自尔
已來世世生生身常圓滿紫金光聚此紫金
光比丘尼等即我眷屬同時發心我觀世間六塵
變壞唯以空寂修於滅盡身心乃能度百千
劫猶如彈指我以空法成阿羅漢世尊說我

頭陀為最妙法開明銷滅諸漏佛問圓通
如我所證法因為上
阿那律陁即從座起頂禮佛足而白佛言我
初出家常樂睡眠如來訶我為畜生類我聞
佛訶啼泣自責七日不眠失其雙目世尊示
我樂見照明金剛三昧我不因眼觀見十方
精真洞然如觀掌果如來印我成阿羅漢佛
問圓通如我所證旋見循元斯為第一
周利槃特迦即從座起頂禮佛足而白佛言
我闕誦持無多聞性最初值佛聞法出家
憶持如來一句伽陀於一百日得前遺後得
後遺前佛愍我愚教我安居調出入息我時
觀息微細窮盡生住異滅諸行剎那其心豁然
得大无礙乃至漏盡成阿羅漢住佛座下印
成无學佛問圓通如我所證返息循空斯為

BD00582　大佛頂如來密因修證了義諸菩薩萬行首楞嚴經卷五

成无學佛問圓通如我所證返息循空斯為
第一
驕梵鉢提即從座起頂礼佛足而白佛言我
有口業於過去劫輕弄沙門世世生生有牛
呞病如來示我一味清淨心地法門我得滅心
入三摩地觀味之知非體非物應念得超世間
諸漏内脫身心外遺世界遠離三有如鳥出
籠離垢銷塵法眼清淨成阿羅漢如來親印
登無學道佛問圓通如我所證還味旋知
斯為第一
畢陵伽婆蹉即從座起頂礼佛足而白佛言
我初發心從佛入道數聞如來說諸世間不
可樂事乞食城中心思法門不覺路中毒刺
傷足舉身疼痛我念有知知此深痛雖覺覺

痛覺清淨心无痛痛覺我又思惟如是一身
寧有雙覺攝念未久身心忽空三七日中諸
漏虛盡成阿羅漢得親印記發明无學佛問
圓通如我所證純覺遺身斯為第一
須菩提即從座起頂禮佛足而白佛言我曠
劫來心得无礙自憶受生如恒河沙初在母
胎即知空寂如是乃至十方成空亦令衆生
證得空性蒙如來發性覺真空空性圓明得
阿羅漢頓入如來寶明空海同佛知見印成无
學解脫性空我為无上佛問圓通如我所證
諸相入非非所非盡旋法歸无斯為第一
舍利弗即從座起頂禮佛足而白佛言我曠
劫來心見清淨如是受生如恒河沙世出世間種
種變化一見則通獲无障㝵我於路中逢迦
葉波兄弟相逐宣說因緣悟心无際從佛出

BD00582　大佛頂如來密因修證了義諸菩薩萬行首楞嚴經卷五

葉波兄弟相逐宣說曰緣悟心无際從佛出
家見覺明圓得大无畏成阿羅漢為佛長
子從佛口生從法化生佛問圓通如我所證
心見發光光極知見斯為第一
普賢菩薩即從座起頂礼佛足而白佛言我
已曾與恒沙如來為法王子十方如來教其
弟子菩薩根者脩普賢行從我立名世尊
我用心聞分別眾生所有知見若於他方恒
沙界外有一眾生心中發明普賢行者我於
尒時乘六牙象分身百億皆至其處縱彼
障深未合見我我與其人暗中摩頂擁護安
慰令其成就佛問圓通我說本因心聞發明
分別自在斯為第一
孫陀羅難陀即從座起頂礼佛足而白佛言

我初出家從佛入道雖具戒律於三摩提心
常散動未獲无漏世尊教我及俱絺羅觀鼻
端白我初諦觀經三七日見鼻中氣出入如
煙身心內明圓洞世界遍成虛淨猶如琉璃
煙相漸銷鼻息成白心開漏盡諸出入息化
為光明照十方界得阿羅漢世尊記我當成
菩提佛問圓通我以銷息息久發明明圓滅
漏斯為第一
富樓那彌多羅尼子即從座起頂禮佛足而
白佛言我曠劫來辯才无礙宣說苦空深達
實相如是乃至恒沙如來秘密法門我於衆
中微妙開示得无所畏世尊知我有大辯才
以音聲輪教我發揚我於佛前助佛轉輪
因師子吼成阿羅漢世尊印我說法无上佛
問圓通我以法音降伏魔怨銷滅諸漏斯為

BD00582　大佛頂如來密因修證了義諸菩薩萬行首楞嚴經卷五

聞圓通我以法音降伏魔怨銷滅諸漏斯為
第一
優婆離即從座起頂禮佛足而白佛言我親
隨佛踰城出家親觀如來六年懃苦親見如
來降伏諸魔制諸外道解脫世間貪欲諸漏
承佛教戒如是乃至三千威儀八万微細性
業遮業悉皆清淨身心寂滅成阿羅漢我
是如來衆中綱紀親印我心持戒脩身衆推
无上佛問圓通我以執身身得自在次第
執心心得通達然後身心一切通利斯為第
一
大目揵連即從座起頂禮佛足而白佛言我
初於路乞食逢遇優樓頻螺伽耶那提三迦

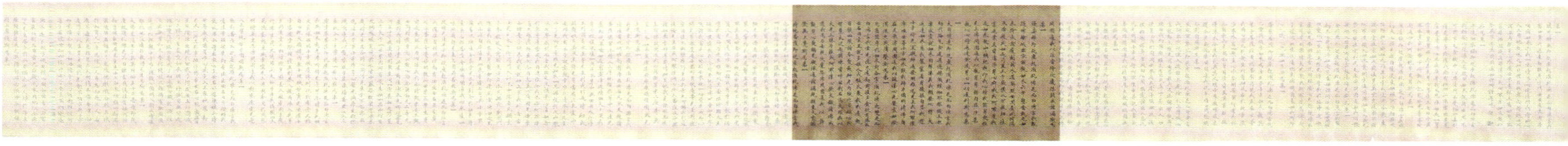

十方得无𡫸礙神通發明推爲无上成阿羅漢
寧唯世尊十方如来歎我神力圓明清淨自
在无畏佛問圓通我以旋湛心光發宣如澄
濁流久成清瑩斯爲第一
烏芻瑟摩於如来前合掌頂禮佛之雙足而
白佛言我常先憶久遠劫前性多貪欲有佛出
世名曰空王說多婬人成猛火聚教我遍觀
百骸四肢諸冷煖氣神光内凝化多婬心成
智慧火從是諸佛皆呼召我名爲火頭我以
火光三昧力故成阿羅漢心發大願諸佛成
道我爲力士親伏魔怨佛問圓通我以諦
觀身心煖觸无礙流通諸漏既銷生大寶餤
登無上覺斯爲第一
持地菩薩即從座起頂禮佛足而白佛言我

BD00582　大佛頂如來密因修證了義諸菩薩萬行首楞嚴經卷五

持地菩薩即從座起頂礼佛足而白佛言我
念往昔普光如來出現於世我為比丘常於
一切要路津口田地隘險有不如法妨損車
馬我皆平填或作橋梁或負沙土如是懃苦
經无量佛出現於世或有衆生於闤闠處
要人擎物我先為擎至其所詣放物即從不
取其直毗舍浮佛現在世時世多飢荒我為
負人无問遠近唯取一錢或有車牛被於漏
溺我有神力為其推輪拔其苦惱時國大王
延佛設齋我於尒時平地待佛毗舍如來摩
頂謂我當平心地則世界地一切皆平我即心
開見身微塵造世界所有微塵等无差別微
塵自性不相觸摩乃至刀兵亦无所觸我於法

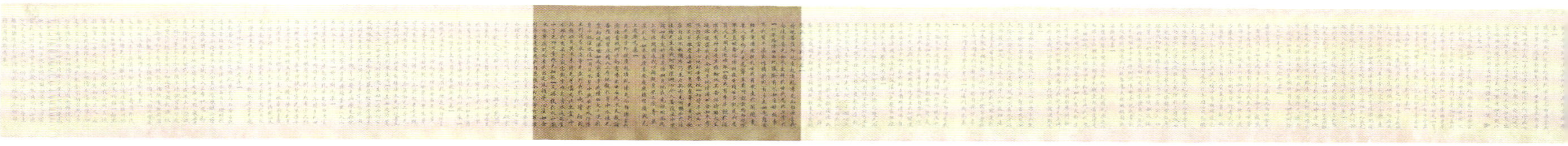

諸如來宣妙蓮華佛知見地我先證明而為
上首佛問圓通我以諦觀身界二塵等無
差別本如來藏虛妄發塵塵銷智圓成无
上道斯為第一
月光童子即從座起頂礼佛足而白佛言我
憶往昔恒河沙劫有佛出世名為水天教諸
菩薩脩習水精入三摩地觀於身中水性无
奪初從涕唾如是窮盡津液精血大小便利
身中旋復水性一同見水身中與世界外浮幢
王刹諸香水海等无差別我於是時初成
此觀但見其水未得无身當為比丘室中
安禪我有弟子窺窗觀室唯見清水遍在屋
中了无所見童稚无知取一瓦礫投於水中激
水作聲顧眄而去我出定後頓覺心痛如舍
利弗遭違害鬼我自思惟今我已得阿羅漢

BD00582　大佛頂如來密因修證了義諸菩薩萬行首楞嚴經卷五

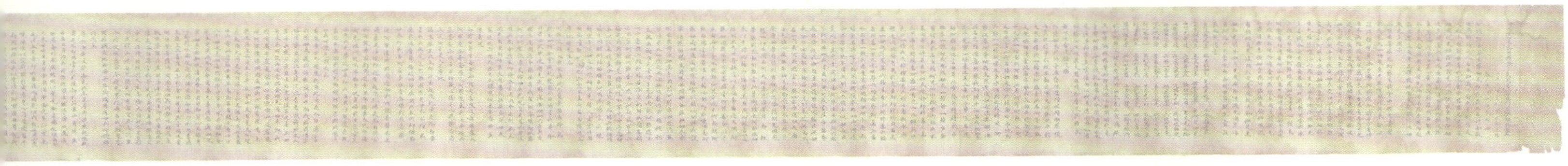

我出定後頓覺心痛如舍
利弗遭違害鬼我自思惟今我已得阿羅漢
道久離病緣云何今日忽生心痛將无退失
尒時童子捷来我前說如上事我則告言
汝更見水可即開門入此水中除去瓦礫童
子奉教後入定時還復見水瓦礫宛然開門
除出我後出定身質如初逢無量佛如是至
於山海自在通王如来方得亡身與十方界
諸香水海性合真空无二无別今於如来得
童真名預菩薩會佛問圓通我以水性一
味流通得无生忍圓滿菩提斯為第一
琉璃光法王子即從座起頂礼佛足而白佛言
我憶往昔經恒沙劫有佛出世名無量聲
開示菩薩本覺妙明觀此世界及衆生身
皆是妄緣風力所轉我於尒時觀界安立觀

世動時觀身動止觀心動念諸動无二等无
差別我時了覺此羣動性來无所從去无
所至十方微塵顛倒衆生同一虛妄如是乃至
三千大千一世界內所有衆生如一器中貯百
蚊蚋啾啾亂鳴於分寸中鼓發狂鬧逢佛未
幾得无生忍尒時心開乃見東方不動佛國
為法王子事十方佛身心發光洞徹无礙佛
問圓通我以觀察風力無依悟菩提心入三
摩地合十方佛傳一妙心斯為第一
虛空藏菩薩即從座起頂礼佛足而白佛言
我與如來定光佛所得无邊身尒時手執四
大寶珠照明十方微塵佛剎化成虛空又於
自心現大圓鏡內放十種微妙寶光流灌十
方盡虛空際諸幢王剎來入鏡內涉入我身
身同虛空不相妨礙身能善入微塵國土廣

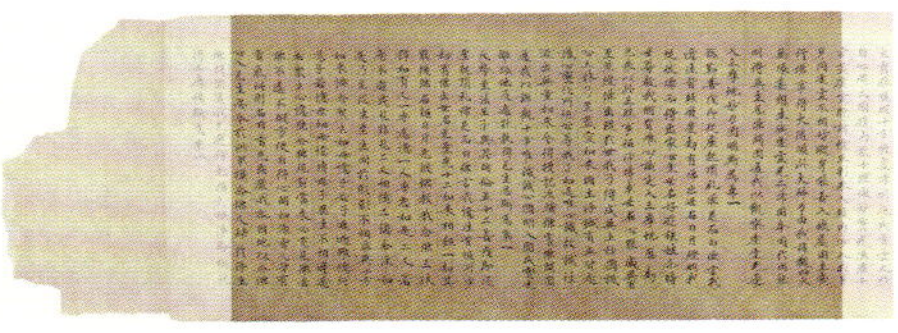

十方盡虛空際諸幢王剎來入鏡內涉入我
身同虛空不相妨礙身能善入微塵國土廣
行佛事得大隨順此大神力由我諦觀四大
無依妄想生滅虛空无二佛國本同於同發
明得無生忍佛問圓通我以觀察虛空无邊
入三摩地妙力圓明斯為第一
弥勒菩薩即從座起頂礼佛足而白佛言我
憶往昔經微塵劫有佛出世名日月燈明我
從彼佛而得出家心重世名好遊族姓尒時
世尊教我脩習唯心識定入三摩地歷劫
已來以此三昧事恒沙佛求世名心歇滅無有
至然燈佛出現於世我乃得成無上妙圓識
心三昧乃至盡空如來國土淨穢有無皆是
識心變化所現世尊我了如是唯心識故識性
流出無量如來今得受記次補佛處佛問圓

通我以諦觀十方唯識識心圓明入圓成實遠
離依他及遍計執得无生忍斯為第一
大勢至法王子與其同倫五十二菩薩即從
座起頂礼佛足而白佛言我憶往昔恒河沙
劫有佛出世名无量光十二如来相繼一劫其
最後佛名超日月光彼佛教我念佛三昧
譬如有人一專為憶一人專忘如是二人若
逢不逢或見非見二人相憶二憶念深如
是乃至從生至生同於形影不相乖異十方
如来憐念衆生如母憶子若子逃逝雖憶何
為子若憶母如母憶時母子歷生不相違遠
若衆生心憶佛念佛現前當来必定見佛去
佛不遠不假方便自得心開如染香人身有
香氣此則名曰香光莊嚴我本因地以念佛
心入无生忍今於此界攝念佛人歸於淨土

BD00582　大佛頂如來密因修證了義諸菩薩萬行首楞嚴經卷五

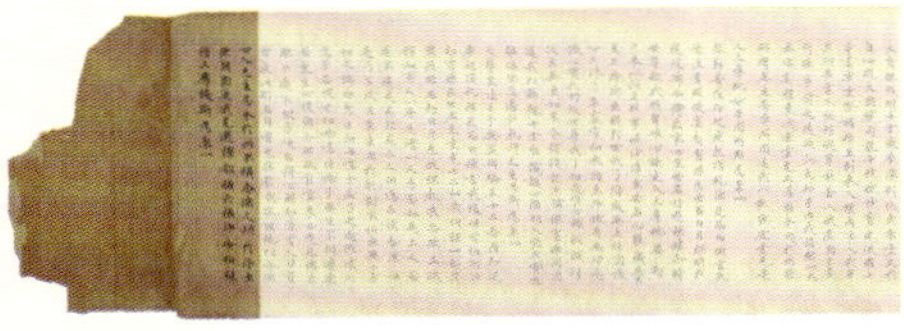

心入无生忍今於此界攝念佛人歸於淨土
佛問圓通我无選擇都攝六根淨念相繼
得三摩提斯為第一

BD00583 大般若波羅蜜多經卷七八

（唐）玄奘 譯

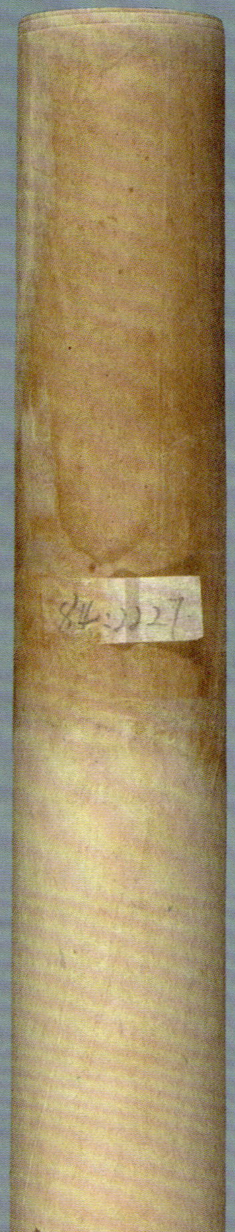

783.2cm × 27cm

空識界遠離
惟水火風空識界如病思惟
水火風空識界如癰思惟
火風空識界如箭思惟地界
風空識界如瘡思惟地界熱惱思
空識界熱惱思惟地界遍切思惟水火風空
識界遍切思惟地界敗壞思惟水火風空識
界敗壞思惟地界衰朽思惟水火風空識界
衰朽思惟地界變動思惟水火風空識界變
動思惟地界速滅思惟水火風空識界速滅
思惟地界可畏思惟水火風空識界可畏思
惟地界可猒思惟水火風空識界可猒思惟地
界有灾思惟水火風空識界有灾思惟地界有

相思惟水火風空識界有相思惟地界有寂

思惟水火風空識界有寂思惟地界有願思

惟水火風空識界有願思惟地界性不安隱

思惟水火風空識界性不安隱思惟地界不

可保信思惟水火風空識界不可保信思惟

地界無生無滅思惟水火風空識界無生無

滅思惟地界無染無淨思惟水火風空識界

無染無淨思惟地界無作無為思惟水火風

空識界無作無為憍尸迦是為菩薩摩訶薩

般若波羅蜜多

憍尸迦若菩薩摩訶薩以應一切智智心用

無所得為方便思惟無明無常思惟行識名

色六處觸受愛取有生老死愁歎苦憂惱無

常思惟無明苦思惟行乃至老死愁歎苦憂

常思惟無明苦思惟行乃至老死愁歎苦憂
惱苦思惟無明無我思惟行乃至老死愁歎
苦憂惱無我思惟無明不淨思惟行乃至老
死愁歎苦憂惱不淨思惟無明空思惟行乃
至老死愁歎苦憂惱空思惟無明無相思惟
行乃至老死愁歎苦憂惱無相思惟無明無
願思惟行乃至老死愁歎苦憂惱無願思惟
無明寂靜思惟行乃至老死愁歎苦憂惱寂
靜思惟無明遠離思惟行乃至老死愁歎苦
憂惱遠離思惟無明如病思惟行乃至老死
愁歎苦憂惱如病思惟無明如癰思惟行乃至
老死愁歎苦憂惱如癰思惟無明如箭思惟
行乃至老死愁歎苦憂惱如箭思惟無明如
瘡思惟行乃至老死愁歎苦憂惱如瘡思惟無

明熱惱思惟行乃至老死愁歎苦憂惱熱惱思
惟無明遍切思惟行乃至老死愁歎苦憂惱遍
切思惟無明敗壞思惟行乃至老死愁歎苦憂
惱敗壞思惟無明衰朽思惟行乃至老死愁歎苦
憂惱衰朽思惟無明變動思惟行乃至老死愁
歎苦憂惱變動思惟無明速滅思惟行乃至老
死愁歎苦憂惱速滅思惟無明可畏思惟行乃
至老死愁歎苦憂惱可畏思惟無明可猒思惟
行乃至老死愁歎苦憂惱可猒思惟無明有灾
思惟行乃至老死愁歎苦憂惱有灾思惟無明
有横思惟行乃至老死愁歎苦憂惱有横思惟
無明有疫思惟行乃至老愁歎苦憂惱有
疫思惟無明有癘思惟行乃至老死愁歎
苦憂惱有癘思惟無明生不安隱思惟行乃至

疫思惟無明有厲思惟行乃至老死愁歎
苦憂惱有厲思惟無明性不安隱思惟行乃至
老死愁歎苦憂惱性不安隱思惟無明不可
保信思惟行乃至老死愁歎苦憂惱不可保信思
惟無明無生無滅思惟行乃至老死愁歎苦
憂惱無生無滅思惟無明無染無淨思惟行
乃至老死愁歎苦憂惱無染無淨思惟無明
無作無為思惟行乃至老死愁歎苦憂惱無作
無為憍尸迦是為菩薩摩訶薩般若波羅蜜
多
復次憍尸迦若菩薩摩訶薩以應一切智智
心用無所得為方便觀察内空無我我所觀
察外空内外空空空大空勝義空有為空無
為空畢竟空無際空散空無變異空本性空自

相空共相空一切法空不可得空無性空自性
空無性自性空無我我所觀察內空無相觀
察外空乃至無性自性空無相觀察內空無
願觀察外空乃至無性自性空無願觀察內
空寂靜觀察外空乃至無性自性空寂靜觀
察內空遠離觀察外空乃至無性自性空
遠離觀察內空無生無滅觀察外空乃至無
性自性空無生無滅觀察內空無染無淨觀
察外空乃至無性自性空無染無淨觀察內
空無作無為觀察外空乃至無性自性空無
作無為憍尸迦是為菩薩摩訶薩般若波羅
蜜多憍尸迦若菩薩摩訶薩以應一切智智
心用無所得為方便觀察真如無我我所觀
察法界法性不虛妄性不變異性平等性離

心用無所得為方便觀察真如無我我所觀
察法界法性不虛妄性不變異性平等性離
生性法定法住實際虛空界不思議界無我
我所觀察真如無相觀察法界乃至不思議
界無相觀察真如無願觀察法界乃至不思
議界無願觀察真如寂靜觀察法界乃至不
思議界寂靜觀察真如遠離觀察法界乃至
不思議界遠離觀察真如無生無滅觀察法
界乃至不思議界無生無滅觀察真如無染
無淨觀察法界乃至不思議界無染無淨觀
察真如無作無為觀察法界乃至不思議界
無作無為憍尸迦是為菩薩摩訶薩般若波
羅蜜多
復次憍尸迦若菩薩摩訶薩以應一切智智

心用無所得為方便行布施波羅蜜多若菩
薩摩訶薩以應一切智智心用無所得為方
便行淨戒波羅蜜多若菩薩摩訶薩以應一
切智智心用無所得為方便行安忍波羅蜜
多若菩薩摩訶薩以應一切智智心用無所
得為方便行精進波羅蜜多若菩薩摩訶薩
以應一切智智心用無所得為方便行靜慮
波羅蜜多若菩薩摩訶薩以應一切智智心
用無所得為方便行般若波羅蜜多憍尸迦
是為菩薩摩訶薩般若波羅蜜多
復次憍尸迦若菩薩摩訶薩以應一切智智
心用無所得為方便脩四靜慮若菩薩摩訶
薩以應一切智智心用無所得為方便脩四
無量若菩薩摩訶薩以應一切智智心用無

薩以應一切智智心用無所得爲方便脩四
無量若菩薩摩訶薩以應一切智智心用無
所得爲方便脩四無色定若菩薩摩訶薩以
應一切智智心用無所得爲方便脩八解脫
若菩薩摩訶薩以應一切智智心用無所得
爲方便脩八勝處若菩薩摩訶薩以應一切
智智心用無所得爲方便脩九次第定若菩
薩摩訶薩以應一切智智心用無所得爲方
便脩十遍處若菩薩摩訶薩以應一切智智
心用無所得爲方便脩四念住若菩薩摩訶
薩以應一切智智心用無所得爲方便脩四
正斷若菩薩摩訶薩以應一切智智心用無
所得爲方便脩四神足若菩薩摩訶薩以應
一切智智心用無所得爲方便脩五根若菩

菩薩摩訶薩以應一切智智心用無所得為方
便脩五力若菩薩摩訶薩以應一切智智心
用無所得為方便脩七等覺支若菩薩摩訶
薩以應一切智智心用無所得為方便脩八
聖道支若菩薩摩訶薩以應一切智智心用
無所得為方便脩空解脫門若菩薩摩訶薩
以應一切智智心用無所得為方便脩無相
解脫門若菩薩摩訶薩以應一切智智心用
無所得為方便脩無願解脫門若菩薩摩訶
薩以應一切智智心用無所得為方便脩四聖
諦智若菩薩摩訶薩以應一切智智心用無所
得為方便脩五眼若菩薩摩訶薩以應一
切智智心用無所得為方便脩六神通若菩
薩摩訶薩以應一切智智心用無所得為方

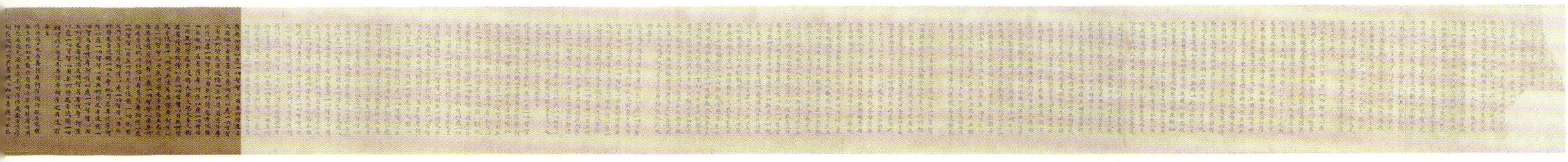

薩摩訶薩以應一切智智心用無所得爲方
便脩佛十力若菩薩摩訶薩以應一切智智
心用無所得爲方便脩四無所畏若菩薩摩
訶薩以應一切智智心用無所得爲方便脩
四無礙解若菩薩摩訶薩以應一切智智
心用無所得爲方便脩大慈大悲大喜大捨
若菩薩摩訶薩以應一切智智心用無所得
爲方便脩十八佛不共法若菩薩摩訶薩以
應一切智智心用無所得爲方便脩無忘失
法若菩薩摩訶薩以應一切智智心用無所
得爲方便脩恒住捨性若菩薩摩訶薩以應
一切智智心用無所得爲方便脩一切陁羅
尼門若菩薩摩訶薩以應一切智智心用無
所得爲方便脩一切三摩地門若菩薩摩訶

薩以應一切智智心用無所得為方便脩一
切智若菩薩摩訶薩以應一切智智心用
無所得為方便脩道相智若菩薩摩訶薩
以應一切智智心用無所得為方便脩一切
相智憍尸迦是為菩薩摩訶薩般若波羅
蜜多
復次憍尸迦若菩薩摩訶薩脩行般若波羅
蜜多時作如是觀唯有諸法互相緣藉滋潤
增長遍滿充溢無我我所復作是觀菩薩摩
訶薩迴向心不與菩提心和合菩提心不與
迴向心和合迴向心於菩提心中無所有不
可得菩提心於迴向心中無所有不可得菩
薩摩訶薩雖觀諸法而於諸法都無所見憍
尸迦是為菩薩摩訶薩般若波羅蜜多時天

尸迦是爲菩薩摩訶薩般若波羅蜜多時天
帝釋問善現言大德云何菩薩摩訶薩迴向
心不與菩提心和合云何菩提心不與迴向心
和合云何迴向心於菩提心中無所有不可
得云何菩提心於迴向心中無所有不可得
善現答言憍尸迦菩薩摩訶薩迴向心則非
心菩提心亦非心若非心則不可思議不應
非心迴向非心亦不應非心迴向不可思議
不應不可思議迴向不可思議亦不應不可思
議迴向非心何以故非心即是不可思議不
可思議即是非心如是二種俱無所有無所
有中無迴向故憍尸迦若作是觀是爲菩薩
摩訶薩般若波羅蜜多
尒時世尊讚善現言善哉善哉汝善法爲者

菩薩摩訶薩宣說般若波羅蜜多亦善能勸
勵諸菩薩摩訶薩令歡喜踊躍脩學般若波
羅蜜多時具壽善現白佛言世尊我既知恩
不應不報何以故過去諸佛及諸弟子爲諸
菩薩摩訶薩宣說六波羅蜜多示現教導讚
勵慶喜安撫建立令得究竟世尊尒時亦在
中學今證無上正等菩提故我亦應承順佛
教爲諸菩薩摩訶薩宣說六波羅蜜多示現
教導讚勵慶喜安撫建立令得究竟速證無
上正等菩提是則名爲報彼恩德
尒時具壽善現告天帝釋言憍尸迦汝問云
何菩薩摩訶薩應住般若波羅蜜多者諦聽
諦聽當爲汝說菩薩摩訶薩於般若波羅蜜
多如所應住不應住相憍尸迦色色性空受

BD00583　大般若波羅蜜多經卷七八

諦聽當為汝說菩薩摩訶薩於般若波羅蜜
多如所應住不應住相憍尸迦色色性空受
想行識受想行識性空菩薩摩訶薩菩薩摩
訶薩性空若色性空若受想行識性空若菩
薩摩訶薩姓空如是一切皆無二無二分憍
尸迦菩薩摩訶薩於般若波羅蜜多應如是
住憍尸迦眼處眼處性空耳鼻舌身意處耳
鼻舌身意處性空菩薩摩訶薩菩薩摩訶薩性
空若眼處性空若耳鼻舌身意處性空若菩薩
摩訶薩性空如是一切皆無二無二分憍尸迦
菩薩摩訶薩於般若波羅蜜多應如是住
憍尸迦色處色處性空聲香味觸法處聲香
味觸法處性空菩薩摩訶薩菩薩摩訶薩性
空若色處性空若聲香味觸法處性空若菩薩

摩訶薩性空如是一切皆無二無二分憍尸迦菩
薩摩訶薩於般若波羅蜜多應如是住憍尸迦
眼界眼界性空色界眼識界及眼觸眼觸為緣
所生諸受色界乃至眼觸為緣所生諸受性空菩
薩摩訶薩菩薩摩訶薩性空若眼界性空若
色界眼識界及眼觸眼觸為緣所生諸受性空
若菩薩摩訶薩性空如是一切皆無二無二分
憍尸迦菩薩摩訶薩於般若波羅蜜多應如
是住憍尸迦耳界耳界性空聲界耳識界及
耳觸耳觸為緣所生諸受聲界乃至耳觸為緣
緣所生諸受性空菩薩摩訶薩菩薩摩訶薩性
空若耳界性空若聲界耳識界及耳觸耳觸
為緣所生諸受性空若菩薩摩訶薩性空如是一切
皆無二無二分憍尸迦菩薩摩訶薩於般若波

BD00583　大般若波羅蜜多經卷七八

皆無二無二分憍尸迦菩薩摩訶薩於般若波
羅蜜多應如是住憍尸迦鼻界鼻界性空香界
鼻識界及鼻觸鼻觸為緣所生諸受香界乃至
鼻觸為緣所生諸受性空菩薩摩訶薩菩薩
摩訶薩性空若鼻界性空若香界鼻識界
及鼻觸鼻觸為緣所生諸受性空若菩薩摩
訶薩性空如是一切皆無二無二分憍尸迦
菩薩摩訶薩於般若波羅蜜多應如是住憍
尸迦舌界舌界性空味界舌識界及舌觸舌觸
為緣所生諸受味界乃至舌觸為緣所生諸受
性空菩薩摩訶薩菩薩摩訶薩性空若舌界
性空若味界舌識界及舌觸舌觸為緣所生
諸受性空若菩薩摩訶薩性空如是一切皆
無二無二分憍尸迦菩薩摩訶薩於般若波

羅蜜多應如是住憍尸迦身界身界性空離
界身識界及身觸身觸為緣所生諸受觸界
乃至身觸為緣所生諸受性空菩薩摩訶薩
菩薩摩訶薩性空若身界性空若觸界身識
界及身觸身觸為緣所生諸受性空若菩薩
摩訶薩性空如是一切皆無二無二分憍尸
迦菩薩摩訶薩於般若波羅蜜多應如是住
憍尸迦意界意界性空法界意識界及意觸
意觸為緣所生諸受法界乃至意觸為緣所
生諸受性空菩薩摩訶薩菩薩摩訶薩性空
若意界性空若法界意識界及意觸意觸為
緣所生諸受性空若菩薩摩訶薩性空如是
一切皆無二無二分憍尸迦菩薩摩訶薩於
般若波羅蜜多應如是住憍尸迦地界地界

一切皆無二無二分憍尸迦菩薩摩訶薩於
般若波羅蜜多應如是住憍尸迦地界地界
性空水火風空識界水火風空識界性空菩
薩摩訶薩菩薩摩訶薩性空若地界性空若
水火風空識界性空若菩薩摩訶薩性空如
是一切皆無二無二分憍尸迦菩薩摩訶薩
於般若波羅蜜多應如是住憍尸迦苦聖諦
苦聖諦性空集滅道聖諦集滅道聖諦性空菩
薩摩訶薩菩薩摩訶薩性空若苦聖諦性
空若集滅道聖諦性空若菩薩摩訶薩性空
如是一切皆無二無二分憍尸迦菩薩摩訶
薩於般若波羅蜜多應如是住憍尸迦無明
無明性空行識名色六處觸受愛取有生老
死愁歎苦憂惱行乃至老死愁歎苦憂惱性

空若菩薩摩訶薩若菩薩摩訶薩性空若無明性
空若行識乃至老死愁歎苦憂惱性空若菩
薩摩訶薩性空如是一切皆無二無二分憍
尸迦菩薩摩訶薩於般若波羅蜜多應如是
住憍尸迦內空內空性空外空內外空空空
大空勝義空有為空無為空畢竟空無際空
散空無變異空本性空自相空共相空一切
法空不可得空無性空自性空無性自性空
外空乃至無性自性空性空菩薩摩訶薩菩
薩摩訶薩性空若內空性空若外空乃至無
性自性空性空若菩薩摩訶薩性空如是一
切皆無二無二分憍尸迦菩薩摩訶薩於般
若波羅蜜多應如是住憍尸迦真如真如性
空法界法性不虛妄性不變異性平等性離

若波羅蜜多應如是住憍尸迦真如真如性
空法界法性不虛妄性不變異性平等性離
生性法定法住實際虛空界不思議界法界
乃至不思議界性空菩薩摩訶薩菩薩摩訶
薩性空若真如性空若法界乃至不思議界
性空若菩薩摩訶薩性空如是一切皆無二
無二分憍尸迦菩薩摩訶薩於般若波羅蜜
多應如是住
憍尸迦布施波羅蜜多布施波羅蜜多性空
淨戒安忍精進靜慮般若波羅蜜多淨戒乃
至般若波羅蜜多性空菩薩摩訶薩菩薩摩
訶薩性空若布施波羅蜜多性空若淨戒安
忍精進靜慮般若波羅蜜多性空若菩薩摩
訶薩性空如是一切皆無二無二分憍尸迦

菩薩摩訶薩於般若波羅蜜多應如是住憍
尸迦四靜慮四靜慮性空四無量四無色定四
無量四無色定性空菩薩摩訶薩菩薩摩
訶薩性空若四靜慮性空若四無量四無
色定性空若菩薩摩訶薩性空如是一切皆
無二無二分憍尸迦菩薩摩訶薩於般若波
羅蜜多應如是住憍尸迦八解脫八解脫性空
八勝處九次第定十遍處八勝處九次第定
十遍處性空菩薩摩訶薩菩薩摩訶薩性
空若八解脫性空若八勝處九次第定十遍
處性空若菩薩摩訶薩性空如是一切皆無
二無二分憍尸迦菩薩摩訶薩於般若波羅
蜜多應如是住憍尸迦四念住四念住性空
四正斷四神足五根五力七等覺支八聖道

BD00583　大般若波羅蜜多經卷七八

蜜多應如是住憍尸迦四念住四念住性空
四正斷四神足五根五力七等覺支八聖道
支四正斷乃至八聖道支性空菩薩摩訶薩
菩薩摩訶薩性空若四念住性空若四正斷
四神足五根五力七等覺支八聖道支性空若
菩薩摩訶薩性空如是一切皆無二無二
分憍尸迦菩薩摩訶薩於般若波羅蜜多應
如是住憍尸迦空解脫門空解脫門性空無
相無願解脫門無相無願解脫門性空菩薩
摩訶薩菩薩摩訶薩性空若空解脫門性空
若無相無願解脫門性空若菩薩摩訶薩性
空如是一切皆無二無二分憍尸迦菩薩摩訶
薩於般若波羅蜜多應如是住憍尸迦五眼
五眼性空六神通六神通性空菩薩摩訶

菩菩薩摩訶薩性空若五眼性空若六神通
性空若菩薩摩訶薩性空如是一切皆無二
無二分憍尸迦菩薩摩訶薩於般若波羅蜜
多應如是住
憍尸迦佛十力佛十力性空四無所畏四無礙
解大慈大悲大喜大捨十八佛不共法四無
所畏乃至十八佛不共法性空若菩薩摩訶菩
薩菩薩摩訶薩性空若佛十力性空若四無
所畏四無礙解大慈大悲大喜大捨十八佛不
共法性空若菩薩摩訶薩性空如是一切
皆無二無二分憍尸迦菩薩摩訶薩於般若
波羅蜜多應如是住憍尸迦無忘失法無忘
失法性空恒住捨性恒住捨性性空菩薩摩
訶薩菩薩摩訶薩性空若無忘失法性空若

失法性空恒住捨性恒住捨性性空菩薩摩
訶薩菩薩摩訶薩性空若無忘失法性空若
恒住捨性性空若菩薩摩訶薩性空如是一
切皆無二無二分憍尸迦菩薩摩訶薩於般
若波羅蜜多應如是住憍尸迦一切陁羅尼
門一切陁羅尼門性空一切三摩地門一切
三摩地門性空菩薩摩訶薩菩薩摩訶薩
性空若一切陁羅尼門性空若一切三摩地門
性空若菩薩摩訶薩性空如是一切皆無二無
二分憍尸迦菩薩摩訶薩於般若波羅蜜多應
如是住憍尸迦一切智一切智性空道相智一
切相智道相智一切相智性空菩薩摩訶薩
菩薩摩訶薩性空若一切智性空若道相智
一切相智性空若菩薩摩訶薩性空如是

切皆無二無二分憍尸迦菩薩摩訶薩於般
若波羅蜜多應如是住憍尸迦聲聞乘聲聞
乘性空獨覺乘無上乘獨覺乘無上乘性空菩
薩摩訶薩菩薩摩訶薩性空若聲聞乘性空若
獨覺乘無上乘性空若菩薩摩訶薩性空如是
一切皆無二無二分憍尸迦菩薩摩訶薩於般
若波羅蜜多應如是住憍尸迦預流預流性
空一來不還阿羅漢獨覺菩薩如來一來
乃至如來性空菩薩摩訶薩菩薩摩訶薩性
空若預流性空若一來不還阿羅漢獨覺菩
薩如來性空若菩薩摩訶薩性空如是一切
皆無二無二分憍尸迦菩薩摩訶薩於般若
波羅蜜多應如是住憍尸迦極喜地極喜地
性空離垢地發光地焰慧地極難勝地現前

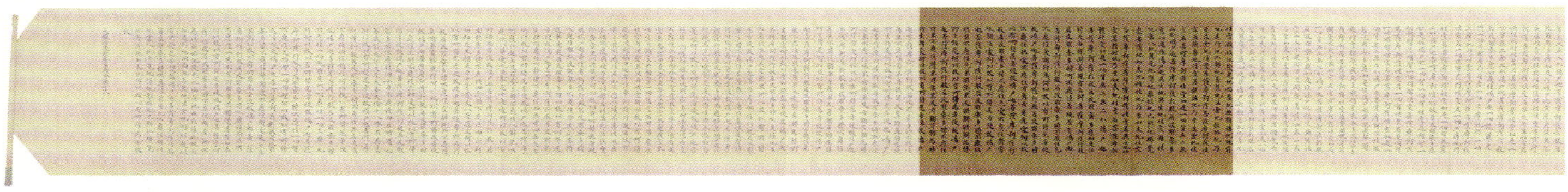

性空離垢地發光地焰慧地極難勝地現前
地遠行地不動地善慧地法雲地離垢地乃
至法雲地性空菩薩摩訶薩菩薩摩訶薩性
空若極喜地性空若離垢地乃至法雲地性
空若菩薩摩訶薩性空如是一切皆無二無
二分憍尸迦菩薩摩訶薩於般若波羅蜜多
應如是住憍尸迦異生地異生地性空種性
地第八地具見地薄地離欲地已辦地獨覺
地菩薩地如來地種姓地乃至如來地性空
菩薩摩訶薩菩薩摩訶薩性空若異生地性
空若種姓地乃至如來地性空若菩薩摩訶
薩性空如是一切皆無二無二分憍尸迦
菩薩摩訶薩於般若波羅蜜多應如是住
時天帝釋問善現言云何菩薩摩訶薩於般

若波羅蜜多時所不應住善現答言憍尸迦
菩薩摩訶薩行般若波羅蜜多時不應住色
不應住受想行識何以故以有所得為方便
故憍尸迦菩薩摩訶薩行般若波羅蜜多時
不應住眼處不應住耳鼻舌身意處何以故
以有所得為方便故憍尸迦菩薩摩訶薩行
般若波羅蜜多時不應住色處不應住聲香
味觸法處何以故以有所得為方便故憍尸
迦菩薩摩訶薩行般若波羅蜜多時不應住
眼界不應住色界眼識界及眼觸眼觸為緣
所生諸受何以故以有所得為方便故憍尸
迦菩薩摩訶薩行般若波羅蜜多時不應住
耳界不應住聲界耳識界及耳觸耳觸為緣
所生諸受何以故以有所得為方便故憍尸

耳界不應住聲界耳識界及耳觸耳觸爲緣
所生諸受何以故以有所得爲方便故憍尸
迦菩薩摩訶薩行般若波羅蜜多時不應住
鼻界不應住香界鼻識界及鼻觸鼻觸爲緣
所生諸受何以故以有所得爲方便故憍尸
迦菩薩摩訶薩行般若波羅蜜多時不應住
舌界不應住味界舌識界及舌觸舌觸爲緣
所生諸受何以故以有所得爲方便故憍尸迦
菩薩摩訶薩行般若波羅蜜多時不應住
身界不應住觸界身識界及身觸身觸爲緣
所生諸受何以故以有所得爲方便故憍尸
迦菩薩摩訶薩行般若波羅蜜多時不應住意
界不應住法界意識界及意觸意觸爲緣所
生諸受何以故以有所得爲方便故憍尸迦

菩薩摩訶薩行般若波羅蜜多時不應住地界
不應住水火風空識界何以故以有所得
為方便故憍尸迦菩薩摩訶薩行般若波羅
蜜多時不應住苦聖諦不應住集滅道聖諦
何以故以有所得為方便故憍尸迦菩薩摩
訶薩行般若波羅蜜多時不應住無明不應住
行識名色六處觸受愛取有生老死愁歎苦
憂惱何以故以有所得為方便故憍尸迦菩
薩摩訶薩行般若波羅蜜多時不應住內空
不應住外空內外空空空大空勝義空有為
空無為空畢竟空無際空散空無變異空本
性空自相空共相空一切法空不可得空無
性空自性空無性自性空何以故以有所得
為方便故憍尸迦菩薩摩訶薩行般若波羅

為方便故憍尸迦菩薩摩訶薩行般若波羅
蜜多時不應住真如不應住法界法性不虛
妄性不變異性平等性離生性法定法住實
際虛空界不思議界何以故以有所得為方便
故憍尸迦菩薩摩訶薩行般若波羅蜜多時
不應住布施波羅蜜多不應住淨戒安忍精
進靜慮般若波羅蜜多何以故以有所得為
方便故憍尸迦菩薩摩訶薩行般若波羅蜜
多時不應住四靜慮不應住四無量四無色定
何以故以有所得為方便故憍尸迦菩薩摩
訶薩行般若波羅蜜多時不應住八解脫不
應住八勝處九次第定十遍處何以故以有
所得為方便故憍尸迦菩薩摩訶薩行般若
波羅蜜多時不應住四念住不應住四正斷

四神足五根五力七等覺支八聖道支何以故
以有所得為方便故憍尸迦菩薩摩訶薩行
般若波羅蜜多時不應住空解脫門不應住
無相無願解脫門何以故以有所得為方便
故憍尸迦菩薩摩訶薩行般若波羅蜜多時
不應住五眼不應住六神通何以故以有所得
為方便故憍尸迦菩薩摩訶薩行般若波羅
蜜多時不應住佛十力不應住四無所畏四
無礙解大慈大悲大喜大捨十八佛不共法
何以故以有所得為方便故憍尸迦菩薩摩
訶薩行般若波羅蜜多時不應住無妄失法
不應住恒住捨性何以故以有所得為方便
故憍尸迦菩薩摩訶薩行般若波羅蜜多時
不應住一切陁羅尼門不應住一切三摩地

故憍尸迦菩薩摩訶薩行般若波羅蜜多時
不應住一切陁羅尼門不應住一切三摩地
門何以故以有所得為方便故憍尸迦菩薩
摩訶薩行般若波羅蜜多時不應住一切智
不應住道相智一切相智何以故以有所得
為方便故憍尸迦菩薩摩訶薩行般若波羅
蜜多時不應住聲聞乘不應住獨覺乘無上
乘何以故以有所得為方便故憍尸迦菩薩
摩訶薩行般若波羅蜜多時不應住預流果
不應住一來不還阿羅漢果獨覺菩薩如來
何以故以有所得為方便故憍尸迦菩薩摩訶
薩行般若波羅蜜多時不應住極喜地不
應住離垢地發光地焔慧地極難勝地現前
地遠行地不動地善慧地法雲地何以故以

有所得為方便故憍尸迦菩薩摩訶薩行般
若波羅蜜多時不應住異生地不應住種姓
地第八地具見地薄地離欲地已辦地獨覺
地菩薩地如來地何以故以有所得為方便
故

大般若波羅蜜多經卷第七十八

BD00583　大般若波羅蜜多經卷七八　（18–18）

BD00584 金剛般若波羅蜜經

（後秦）鳩摩羅什 譯

142.1cm×25.6cm

…知何以故如
…心皆為非心是名為心所以者何須
菩提過去心不可得現在心不可得未来心
不可得須菩提於意云何若有人滿三千大
千世界七寶以用布施是人以是因緣得福
多不如是世尊此人以是因緣得福甚多
須菩提若福得有實如来不說得福德多以
福德无故如来說得福德多
須菩提於意云何佛可以具足色身見不不
也世尊如来不應以色身見何以故如来說
具足色身即非具足色身是名具足色身須
菩提於意云何如来可以具足諸相見不不也
世尊如来不應以具足諸相見何以故如来
說諸相具足即非具足是名諸相具足須菩

提汝勿謂如來作是念我當有所說法莫作
是念何以故若人言如來有所說法即為謗
佛不能解我所說故須菩提說法者无法可
說是名說法須菩提白佛言世尊佛得阿耨
多羅三藐三菩提為无所得耶如是如是須
菩提我於阿耨多羅三藐三菩提乃至无有
少法可得是名阿耨多羅三藐三菩提復
次須菩提是法平等无有高下是名阿耨多
羅三藐三菩提以无我无人无衆生无壽者
脩一切善法則得阿耨多羅三藐三菩提須
菩提所言善法者如來說非善法是名善法
須菩提若三千大千世界中所有諸須弥山
王如是等七寶聚有人持用布施若人以此
般若波羅蜜經乃至四句偈等受持為他人

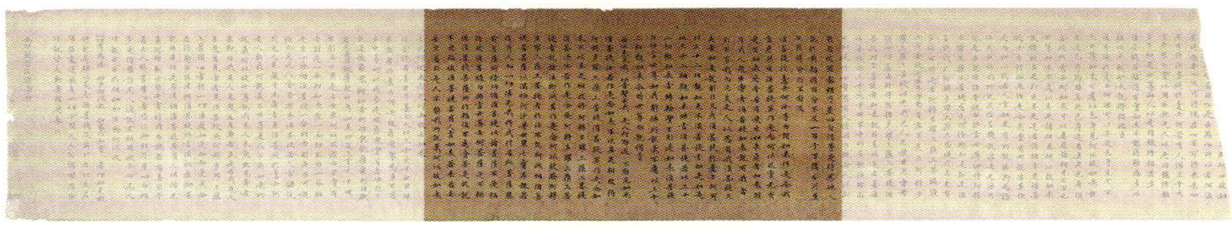

般若波羅蜜經乃至四句偈等受持為他人
說於前福德百分不及一百千万億分乃至
筭數譬喻所不能及
須菩提於意云何汝等勿謂如來作是念我
當度衆生須菩提莫作是念何以故實无有
衆生如來度者若有衆生如來度者如來則
有我人衆生壽者須菩提如來說有我者
則非有我而凡夫之人以為有我須菩提凡
夫者如來說則非凡夫須菩提於意云何可
以三十二相觀如來不須菩提言如是如是
以三十二相觀如來佛言須菩提若以三十
二相觀如來者轉輪聖王則是如來須菩提
白佛言世尊如我解佛所說義不應以三十
二相觀如來爾時世尊而說偈言

若以色見我　以音聲求我　是人行耶道　不能見如来
須菩提汝若作是念如来不以具足相故得
阿耨多羅三藐三菩提須菩提莫作是念如
来不以具足相故得阿耨多羅三藐三菩提
須菩提汝若作是念發阿耨多羅三藐三菩
提者說諸法斷滅莫作是念何以故發阿耨
多羅三藐三菩提者於法不說斷滅相須菩
提若菩薩以滿恒河沙等世界七寶布施若
復有人知一切法无我得成於忍此菩薩勝
前菩薩所得功德須菩提以諸菩薩不受福
德故須菩提白佛言世尊云何菩薩不受福
德須菩提菩薩所作福德不應貪著是故說
不受福德須菩提若有人言如来若来若去
若坐若卧是人不解我所說義何以故如来

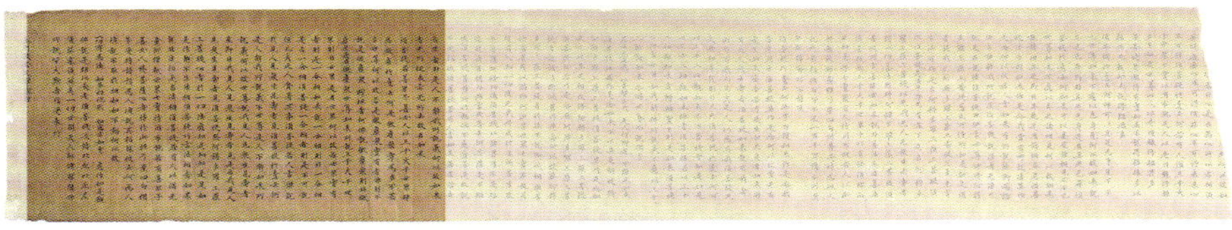

若坐若卧是人不解我所說義何以故如来
者无所從来亦无所去故名如来
須菩提若善男子善女人以三千大千世界碎
爲微塵於意云何是微塵衆寧爲多不甚
多世尊何以故若是微塵衆實有者佛則不
說是微塵衆所以者何佛說微塵衆則非微
塵衆是名微塵衆世尊如来所說三千大千世
界則非世界是名世界何以故若世界實有
者則是一合相如来說一合相則非一合相
是名一合相須菩提一合相者則是不可說
但凡夫之人貪著其事須菩提若人言佛說
我見人見衆生見壽者見須菩提於意云何
是人解我所說義不世尊是人不解如来所
說義何以故世尊說我見人見衆生見壽者

見即非我見人見衆生見壽者見是名我見人
見衆生見壽者見須菩提發阿耨多羅三藐
三菩提心者於一切法應如是知如是見如
是信解不生法相須菩提所言法相者如來
說非法相是名法相須菩提若有人以滿无
量阿僧祇世界七寶持用布施若有善男子
善女人發菩薩心者持於此經乃至四句偈
等受持讀誦為人演說其福勝彼云何為人
演說不取於相如如不動何以故
一切有為法　如夢幻泡影　如露亦如電　應作如是觀
佛說是經已長老須菩提及諸比丘比丘尼
優婆塞優婆夷一切世間天人阿脩羅聞佛
所說皆大歡喜信受奉行

金剛般若波羅蜜經

所說皆大歡喜信受奉行

金剛般若波羅蜜經

BD00585

維摩詰所說經卷上

（後秦）鳩摩羅什 譯

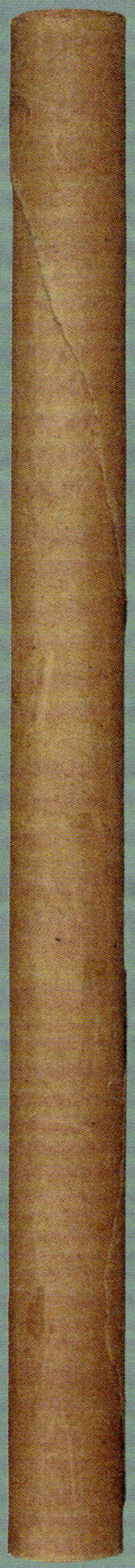

125.5cm × 26cm

維

菩薩品第四

於是佛告弥勒菩薩汝行詣維摩詰問疾弥
勒白佛言世尊我不堪任詣彼問疾所以者何
憶念我昔為兜率天王及其眷屬說不退
轉地之行時維摩詰來謂我言弥勒世尊授
仁者記一生當得阿耨多羅三藐三菩提為用
何生得受記乎過去耶未來耶現在耶若過
去生過去生已滅若未來未來生未至若現
在生現在生无住如佛所說比丘汝今即時亦
生亦老亦滅若以无生得受記者无生即是
正位於正位中亦无受記亦无得阿耨多羅三
藐三菩提心云何弥勒受一生記乎為從如生
得受記耶為從如滅得受記耶若以如生得

受記者如无有生若以如滅得受記者
如无有滅一切衆生皆如也一切法亦如也衆
聖賢亦如也至於弥勒亦如也若弥勒得受
記者一切衆生亦應受記所以者何夫如者
不二不異若弥勒得阿耨多羅三藐三菩提
者一切衆生皆亦應得所以者何一切衆生
即菩提相若弥勒得滅度者一切衆生亦當滅
度所以者何諸佛知一切衆生畢竟寂滅即
涅槃相不復更滅是故弥勒无以此法誘諸
天子實无發阿耨多羅三藐三菩提心者亦
无退者弥勒當令此諸天子捨於分別菩提
之見所以者何菩提者不可以身得不可以
心得寂滅是菩提滅諸相故不觀是菩提離
諸緣故不行是菩提无憶念故斷是菩提捨

諸緣故不行是菩提无憶念故斷是菩提捨
諸見故離是菩提離諸妄想故障是菩提
障諸願故不入是菩提无貪著故順是菩提
順於如故住是菩提住法性故至是菩提至實
際故不二是菩提離意法故等是菩提等虛
空故无為是菩提无生住滅故智是菩提了衆
生心行故不會是菩提諸入不會故不合是菩提
離煩惱習故无處是菩提无形色故假名是菩
提名字空故如化是菩提无取捨故无亂是
菩提常自淨故善寂是菩提性清淨故无取
是菩提離攀緣故无異是菩提諸法等故无比
是菩提无可喻故微妙是菩提諸法難知世
尊維摩詰說是法時二百天子得无生法
忍故我不任詣彼問疾

佛告光嚴童子汝行詣維摩詰問疾光嚴
白佛言世尊我不堪任詣彼問疾所以者何
憶念我昔出毗耶離大城時羅摩詰方入城
我即為作禮而問言居士從何所來荅我言
吾從道場來我問道場者何所是荅曰直心是
道場无虛假故發行是道場能辦事故深心
是道場增益功德故菩提心是道場无錯謬
故布施是道場不望報故持戒是道場得願
具足故忍辱是道場於諸衆生心无礙故
精進是道場不懈退故禪定是道場心調
柔故智慧是道場現見諸法故慈是道場等
衆生故悲是道場忍疲苦故喜是道場悅
樂法故捨是道場憎愛斷故神通是道場
成就六通故解脫是道場能背捨故方便是道

成就六通故解脫是道場能背捨故方便是道
場教化衆生故四攝法是道場攝衆生故多聞
是道場如聞行故伏心是道場正觀諸法故卅七品
是道場捨有為法故諦是道場不誑世間故緣
起是道場无明乃至老死皆无盡故諸煩惱
是道場知如實故衆生是道場知无我故一
切法是道場知諸法空故降魔是道場不傾動
故三界是道場无所趣故師子吼是道場无
所畏故力无畏不共法是道場无諸過故
三明是道場无餘礙故一念知一切法是道場
成就一切智故如是善男子菩薩若應諸波
羅蜜教化衆生諸有所作舉足下足當知皆
從道場來住於佛法矣說是法時五百天人
皆發阿耨多羅三藐三菩提心故我不任詣

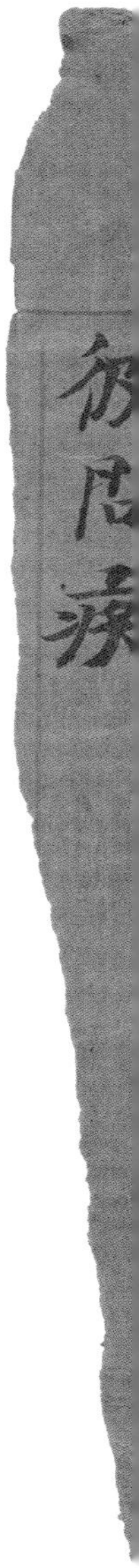

BD00586 四分比丘尼戒本

（後秦）佛陀耶舍 譯

（唐）懷素 集

363.5cm × 27.5cm

示　式
欲阝
毗婆尸式弃　毗舍枸樓孫　枸
諸世尊大德　爲我說是事
譬如人毀足　不堪有所涉
欲得生天上　若生人間者　常
如御入險道　失鎋折軸憂　毀戒
如人自照鏡　好醜生欣慼　說戒亦如是
如兩陣共戰　勇怯有進退　說戒亦如是　淨穢生安畏
世間王爲最　衆流海爲最　衆星月爲最　衆聖佛爲最
一切衆律中　戒經爲上最　如來立禁戒　半月半月說
和合僧集會　答言僧集和合　未受大戒者出　有者遣出答已出　无者答言无　不來
諸比丘尼說欲及清淨　有依法說竟答說欲已　无者答无說欲人
僧今和合何所作爲　答云說戒羯磨　大姉僧今十五日　白月常稱十五黑月答大
亦云十五日若　衆僧說戒若僧時到僧忍聽和合說戒

白如是
諸大姊我今欲說波羅提木叉戒汝等諦聽善心
念之若自知有犯者即應自懺悔不犯者默然默然
者知諸大姊清淨若有他問者亦如是答如是比丘尼
在衆中乃至三問憶念有罪不懺悔者得故妄語罪故妄
語者佛說障道法若彼比丘尼憶念有罪欲求清淨
者應懺悔懺悔得安樂諸大姊我已說戒經序今問
諸大姊是中清淨不（如是三問）諸大姊是中清淨默然故是事
如是持
諸大姊是八波羅夷法半月說戒經中來
若比丘尼作婬欲犯不淨行乃至共畜生是比丘尼
波羅夷不共住
若比丘尼在聚落若空處阿蘭若處不與懷盜心
取隨所盜物若爲王若王大臣所捉若縛若殺若
若驅出國汝賊汝癡若比丘尼作如是不與取是比
丘尼波羅夷不共住

若駈出國以財以癈若比丘尼作如是言[illegible]

丘尼波羅夷不共住

若比丘尼故自手斷人命若持刀授與人若歎死譽死勸死咄人用此惡活爲寧死不生作如是心念无數方便歎死譽死勸死此比丘尼波羅夷不共住

若比丘尼實無所知自歎譽言我得過人法入聖智勝法我知是我見是後於異時若問若不問欲求清淨故作如是言諸大姉我實不知不見而言我知我見虛誑妄語除增上慢是比丘尼波羅夷不應共住

若比丘尼染汙心共染汙心男子從掖已下膝已上身相觸若捉若摩若推若上摩若下摩若舉若捉若捺是比丘尼波羅夷不共住

若比丘尼染汙心知男子染汙心受捉手捉衣入屏處共立共語共行或身相倚或共期是比丘尼波羅夷不共住

若比丘尼知比丘尼已波羅夷不自發露不語衆人

不白大衆若於異時彼比丘尼或命終或衆中舉或
休道或入外道衆後作是言我先知有如是如是罪
是比丘尼波羅夷不共住
若比丘尼知比丘僧為作舉如法如律如佛所教不
順從不懺悔僧未與作共住而順從諸比丘尼語言
大姊此比丘尼為僧所舉如法律如佛所教不順
從不懺悔僧未與作共住汝莫順從如是比丘尼諫
彼比丘尼時是事堅持不捨比丘尼應乃至第二
第三諫令捨此事故乃至三諫捨者善若不捨
者是比丘尼波羅夷不共住
者是比丘尼波羅夷一
諸大姊我已說八波羅夷法若比丘尼一一波羅夷
法不得與諸比丘尼共住如前所說後亦如是是
比丘尼得波羅夷罪不應共住今問諸大姊是
中清淨不如是至三諸大姊是中清淨默然故是事如

中清淨不一至三諸大姊是中清淨默然故是事如
是持
若大姊是十七僧伽婆尸沙法半月半月說戒
經中來
若比丘尼媒嫁持男語女持女語語男若為成
婦事若為私通乃至須臾是比丘尼犯初法應捨
僧伽婆尸沙
若比丘尼嗔恚不喜以無根波羅夷法謗欲破彼
清淨行後於異時若問若不問是事無根說我嗔
恚故如是語是比丘尼犯初法應捨僧伽婆尸沙
若比丘尼嗔恚不喜於異分事中取片非波羅夷
比丘尼以無根波羅夷法謗欲破彼人梵行後於
異時若問若不問知是異分事中取片彼比丘尼住
嗔恚法故作如說是比丘尼犯初法應捨僧伽婆尸沙
若比丘尼諸官言居士若居士兒若奴若客作人
若晝若夜若一念頃若彈指頃若須臾頃是比丘尼犯初法

捨僧伽婆尸沙
若比丘尼先知是賊女罪應死多人所知不問王大臣不問種便度出家受具足戒是比丘犯初法應捨僧伽婆尸沙
若比丘尼知比丘尼為僧所舉如法如律如佛所教不順從未懺悔僧未與作共住羯磨為愛故不問僧僧不約勅出界外作羯磨解罪是比丘尼犯初法應捨僧伽婆尸沙
若比丘尼獨渡水獨宿獨在後行犯初法應捨僧伽婆尸沙
若比丘尼染汙心知染汙心男子從彼可食者及食并餘物是比丘尼犯法應捨僧伽婆尸沙
若比丘尼教比丘尼作如是語大姊彼有染汙心能那汝何汝自有染汙心於彼若得食以時清淨受取此比丘尼犯初法應捨僧伽婆尸沙

汝何汝自不染汙心於彼男子得食以時汝受取此比
丘尼犯初法應捨僧伽婆尸沙
是比丘尼應諫彼比丘尼言大姊汝莫壞和合僧莫
方便壞和合僧莫受破僧法堅持不捨大姊應與僧
和合與僧和合歡喜不諍同一師學如水乳合於佛
法中有增益安樂住是比丘尼諫彼比丘尼時堅
持不捨是比丘尼應三諫捨此事故乃至三諫捨者善
不捨者是比丘尼犯三法應捨僧伽婆尸沙
若比丘尼有餘比丘尼群黨若一若二若三乃至無
數彼比丘尼語是比丘尼言大姊汝莫諫此比丘尼此
比丘尼法語比丘尼律語比丘尼所說我等心喜樂
此比丘尼所說我等忍可是比丘尼語彼比丘尼言
大姊莫作是說言此比丘尼是法語比丘尼律語比
丘尼此比丘尼所說我等喜樂此比丘尼所說我等忍
可何以故此比丘尼所說非法語非律語大姊莫欲破
壞和合僧當樂欲和合僧大姊與僧和合歡喜不諍

同一師學如水乳合於佛法中有增益安樂住是比
丘尼諫彼比丘尼時堅持不捨是比丘尼應三諫
彼比丘尼時堅持不捨是比丘尼應三諫捨此事故
乃至三諫捨者善不捨者是比丘尼犯三法應捨僧
伽婆尸沙
若比丘尼依城邑若村落住汙他家行惡行亦見亦
亦聞汙他家亦見亦聞是比丘尼諫彼比丘尼言大姊
汝汙他家行惡行行惡行亦見亦聞汙他家亦見
亦聞大姊汝汙他家行惡行今可離此村落去
不須住此彼比丘尼語此比丘尼作是言大姊諸比
丘尼有愛有恚有怖有癡有如是同罪比丘尼有駈
者有不駈者是諸比丘尼語彼比丘尼言大姊莫作
是語有愛有恚有怖有癡亦莫言有如是同罪比丘
尼有駈者有不駈者何以故而諸比丘尼不愛不恚
不怖不癡有如是同罪比丘尼有駈者不不駈者大姊

尼有駈者不駈者何以故而諸比丘尼不愛不恚
不怖不癡有如是同罪比丘尼有駈者不不駈者大姊
汙他家行惡行行惡行亦見亦聞汙他家亦見
亦聞是比丘尼諫彼比丘尼時堅持不捨是比丘尼
應三諫捨此事故乃至三諫捨者善不捨者是比
丘尼犯三法應捨僧伽婆尸沙
若比丘尼惡性不受人語於戒法中諸比丘尼如法
諫已自身不受諫語言大姊汝莫向我說若好若
惡我亦不向汝說若好若惡諸姊止莫諫我
是比丘尼當諫彼比丘尼言大姊莫自身不受
諫語大姊自身當受諫語大姊如法諫諸比丘
尼諸比丘尼亦當如法諫大姊如是佛弟子衆得增益
展轉相教展轉懺悔是比丘尼如是諫時堅持不捨
是比丘尼應三諫捨此事故乃至三諫捨者善不捨
者是比丘尼犯三法應捨僧伽婆尸沙
若比丘尼相親近住共作惡行惡聲流布展轉共

相覆罪是比丘尼當彼比丘尼言大姊汝等莫相親
近共作惡行惡聲流布共相覆罪汝等若不相親
近於佛法中得增益安樂住是比丘尼諫彼比丘尼
時堅持不捨是比丘尼應三諫捨此事故乃至三諫
捨者善不捨者是比丘尼犯三法應捨僧伽婆尸沙
若比丘尼比丘尼僧為作呵諫時餘比丘尼教作如是
言汝等莫別住當共住我亦見餘比丘尼不別住
共作惡行惡聲流布共相覆罪僧以恚故教汝等
別住是比丘尼應諫彼比丘尼言大姊汝莫教餘比丘尼
言汝等莫別住我亦見餘比丘尼共住共作惡行惡
聲流布共相覆罪僧以恚故教汝等別住今正有此
二比丘尼共住共作惡行惡聲流布共相覆罪更无
有餘若此比丘尼別住於佛法中有增益安樂住
是比丘尼諫彼比丘尼時堅持不捨是比丘尼應三諫
令捨此事故乃至三諫捨者善不捨者是比丘尼犯
三法應捨僧伽婆尸沙

令捨此事故乃至三諫捨者善不捨者是比丘尼犯
三法應捨僧伽婆尸沙
若比丘尼趣以一小事嗔恚不憙便作是語我捨佛捨法
捨僧不獨有此沙門釋子亦更有餘沙門婆羅門脩
梵行者我等亦可於彼脩梵行是比丘尼當諫彼比丘尼
言大姊汝莫趣以一小事嗔恚不憙便作是語我捨法捨
僧不獨有此沙門釋子亦更有餘沙門婆羅門脩梵
行者我等亦可於彼脩梵行若是比丘尼諫彼比丘
尼時堅持不捨彼比丘尼應三諫捨此事故乃至三
諫捨者善不捨者是比丘尼犯三法應捨僧伽婆尸
沙
若比丘尼憙鬪淨不善憶持淨事後嗔恚作是語
僧有愛有恚有怖有癡是比丘尼應諫彼比丘尼言
妹汝莫喜鬪諍不善憶持諍事後嗔恚作是語僧
有愛有恚有怖有癡而僧不愛不恚不怖不癡汝
自有愛恚有怖有癡是比丘尼諫彼比丘尼時堅持

不捨彼比丘尼應三諫捨此故乃至三諫捨者善不
捨者是比丘尼初犯三法應捨僧伽婆尸沙
諸大姊我已說十七僧伽婆尸沙法九初犯罪八乃至
三諫若比丘尼犯一一罪應半月二部僧中行摩那
埵行摩那埵已餘有出罪應二部僧中各二十衆出是
比丘尼罪若少一人不滿四十衆是比丘尼罪不得
除諸比丘尼亦可呵此是時今問諸大姊是中清淨
不如是至三諸大姊是中清淨默然故是事如是持
諸大姊是三十尼薩耆波逸提法半月半月說戒經
中來
若比丘尼衣已竟迦絺那衣已捨畜長衣經十日不淨
施得持若過者尼薩耆波逸提
若比丘尼衣已竟迦絺那衣已捨五衣中若離一一衣
異處宿經一夜除僧羯磨尼薩耆波逸提
若比丘尼衣已竟迦絺那衣已捨若得非時衣欲須便

異處宿經一夜除僧羯磨尼薩耆波逸提
若比丘尼衣已竟迦絺那衣已捨若得非時衣欲須便
受受已疾疾成衣若足者善若不足者得畜一月爲滿
足故若過畜者尼薩耆波逸提
若比丘尼從非親里居士居士婦乞衣除餘時尼薩耆
波逸提是中時者若奪衣失衣燒衣漂衣是名時
若比丘尼奪衣失衣燒衣漂衣是非親里居士若居
士婦自恣請多與衣是比丘尼當知足受衣若過者
尼薩耆波逸提
若居士居士婦爲比丘尼辦衣價具如是衣價與某
甲比丘尼是比丘尼先不受自恣請到居士家作如是
說善哉居士爲我辦如是衣價與我爲好故若得
衣者尼薩耆波逸提
若二居士居士婦與比丘尼辦衣價我曹辦如是衣
價與某甲比丘尼是比丘尼先不受自恣請到二居士
家作如是言善哉居士辦如是如是衣價與我共作一

衣爲尼故若得衣者尼薩耆波逸提

若比丘尼若王若大臣若婆羅門若居士居士婦遣使爲

比丘尼送衣價持如是衣價與某甲比丘尼彼使至

比丘尼所語言阿姨爲汝送衣價受取是比丘尼語彼

使如是言我不應受此衣價我若須衣合時清淨當受

彼使語比丘尼言阿姨有執事人不須衣比丘尼言有若

僧伽藍民若優婆塞此是比丘尼執事人常爲比丘尼

執事彼使至執事人所與衣價已還到比丘尼所

所如是言阿姨所示某甲執事人我已與衣價大姊知

時往彼當得衣比丘尼若須衣者當往彼執事人所二

反三反語言我須衣若二反三反爲作憶念得衣者善

若不得衣四反五反六反在前默然住令彼憶念若

四反五反六反在前默然住得衣者善若不得衣者尼

薩耆波逸提

若不得衣隨彼使所來處若自往若遣往語言汝先

[illegible]

若不得衣隨彼使所來處若自往若遣往語言汝先
遣使持衣價與某甲比丘尼是比丘尼竟不得汝還取莫
使此是時
若比丘尼自取金銀若錢若教人取若口可受者尼
薩耆波逸提
若比丘尼種種賣買物者尼薩耆波逸提
若比丘尼種種販賣者尼薩耆波逸提
若比丘尼鉢減五綴不漏更求新鉢為好故尼薩耆波
逸提是比丘尼當持此鉢於尼衆中捨從次第貿至
下坐以下坐鉢與此比丘尼言妹持此鉢乃至破此是時若
比丘尼自求縷使非親里織師織作衣者尼薩耆波逸提
若比丘尼居士居士婦使織師為比丘尼織作衣往比丘尼先
不受自恣請便往到彼所語織師言此衣為我織極好
織令廣長堅緻齊整好我當少多與汝價若比丘尼
與價乃至一食得衣者尼薩耆波逸提
若比丘尼與比丘尼衣已後瞋恚若自奪若教人奪

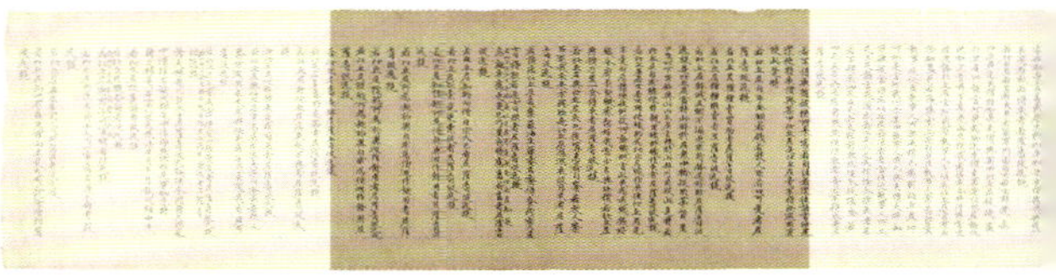

取還我衣來不與汝是比丘尼應還衣彼取衣者尼薩
耆波逸提
若諸病比丘尼畜藥蘇油生蘇蜜石蜜得食殘宿乃至
七日得服若過七日服者尼薩耆波逸提
若比丘尼十日未滿夏三月若有急施衣比丘尼知是
急施衣應受受已乃至衣時應畜若畜者尼薩耆
波逸提
若比丘尼知物向僧自求入已者尼薩耆波逸提
若比丘尼欲索是更索彼者尼薩耆波逸提
若比丘尼知檀越所為僧施異迴作餘用者尼薩耆波
逸提
若比丘尼所為施物異自求為僧迴作餘用者尼薩
耆波逸提
若比丘尼檀越所為物異迴作餘用者尼薩耆波逸提
若比丘尼檀越所為施物異自求為僧迴作餘用尼
薩耆波逸提
若比丘尼畜長鉢尼薩耆波逸提

若比丘尼檀越所爲施物異自求爲僧迴作餘用尼
薩耆波逸提
若比丘尼畜長鉢尼薩耆波逸提
若比丘尼多畜好色器者尼薩耆波逸提
若比丘尼許他比丘尼病衣後不與者尼薩耆波逸
提
若比丘尼以非時衣受作時衣者尼薩耆波逸提
若比丘尼與比丘尼貿易衣後嗔恚還自奪取若使人
奪「汝還我衣來不與汝衣屬汝我衣還我」者尼薩
耆波逸提
若比丘尼乞重衣齊價直四張疊過者尼薩耆波逸提
若比丘尼欲乞輕衣極至價直兩張半疊過者尼薩耆
波逸提
諸大姊我已說三十尼薩耆波逸提法今問諸大姊是
中清淨不諸大姊是中清淨默然故是事如是持
諸大姊是一百七十八波逸提法半月半月說戒經中來
若比丘尼故妄語者波逸提

若比丘尼罵呰說者波逸提
若比丘尼兩舌語者波逸提
若比丘尼與男子同室宿者波逸提
若比丘尼共未受戒女人同一室宿若過三宿者波
逸提
若比丘尼與未受大人戒共誦法者波逸提
若比丘尼知他有麁惡罪向未受大戒人說除僧羯磨
波逸提

BD00587 無量壽宗要經（甲本）

204.5cm × 30.5cm

大乘无量壽經

如是我聞一時薄伽梵在舍衛國祇樹給孤獨園與大苾芻僧二百五十人大菩
薩摩訶薩眾俱同會坐尒時世尊告曼殊室利童子曼殊上方有世界名无
量功德聚彼土有佛號无量智決定王如來阿耨多羅三藐三菩提現為眾生
開示說法曼殊諦聽南閻浮提人皆短受大限百年於中多夭橫死者眾曼殊
如是无量壽如來功德名稱法要若有眾生得聞號若自書或使人書能經
卷受持讀誦若於舍宅所住之處以種種花鬘瓔珞塗香末香而為供養
如其命盡復得延年滿足百歲如是曼殊若有眾生得聞是无量壽智決
定王如來一百八名號者益其長壽若有眾生大命將盡憶念是如來名號便得
增長如是曼殊若有善男子善女人欲求長壽於是无量壽如來一百八名號
有得聞者或自書若使人書受持讀誦得如是等果報福得具足陀羅尼曰
南謨薄伽勃底一阿波唎蜜多二阿喻紇硯那三須毗你悉指陀四囉佐耶五怛他羯他耶
怛姪他七薩婆桑悉迦囉八波唎輸底九達磨底十伽迦那十一莎訶娑木揭伽底十二薩婆
毗輸底十三摩訶娜耶十四波唎婆唎莎訶十五
世尊復告曼殊室利如是如來一百八名號若有自書或使人書為經卷者受持
壽命滿足百年壽終此身後得往生无量福智世界无量壽淨土陀羅

誦如受命盡復滿百年壽終此身後得往生无量福智世界无量壽淨土陁羅
尼曰　南謨薄伽勃底一阿波唎蜜哆二阿喻紇硯娜三　須毗你逕指陁四
囉佐耶五怛他羯他耶六怛姪他唵七薩婆桒逕迦羅八波唎輸底九達磨底十伽迦娜十一莎
訶某持迦底十二　薩婆〻毗輸底十三　摩訶娜耶十四　波唎婆唎莎訶十五
如是復有九十九姟佛一時同聲說是无量壽宗要經陁羅尼曰
南謨薄伽勃底一阿波唎蜜哆二阿喻紇硯娜三　須毗你逕指陁四囉佐耶五　怛他羯他耶六怛姪
他唵七　薩婆桒逕迦囉八　波唎輸底九　達磨底十　伽迦娜十一　莎訶某持迦底十二　薩婆〻
毗輸底十三　摩訶娜耶十四　波唎婆唎莎訶十五
尒時復有一百四姟佛一時同聲說是无量壽宗要經陁羅尼曰　南謨薄伽勃底
阿婆唎蜜哆二阿喻紇硯娜三　須毗你逕指陁四囉佐耶五　怛他羯他耶六　怛姪他唵七
薩婆桒逕迦囉八波唎輸底九達磨底十伽迦娜十一莎訶某持迦底十二　薩婆〻毗輸底十三
摩訶娜耶十四　波唎婆唎莎訶十五　尒時復有七姟佛一同聲說是无量
壽宗要經陁羅尼曰　南謨薄伽勃底一阿波唎蜜哆二阿喻紇硯娜三　須毗你
逕指陁四　囉佐耶五　怛他羯他耶六　怛姪他唵七　薩婆桒逕迦囉八　波唎輸底九　達磨底十
伽迦娜十一　莎訶某持迦底十二　薩婆〻毗輸底十三　摩訶娜耶十四　波唎婆唎莎訶十五
尒時復有六十五姟佛一時同聲說是无量壽宗要經陁羅尼曰
南謨薄伽勃底一阿波唎蜜哆二阿喻紇硯娜三　須毗你逕指陁四　囉佐耶五　怛他羯他耶六

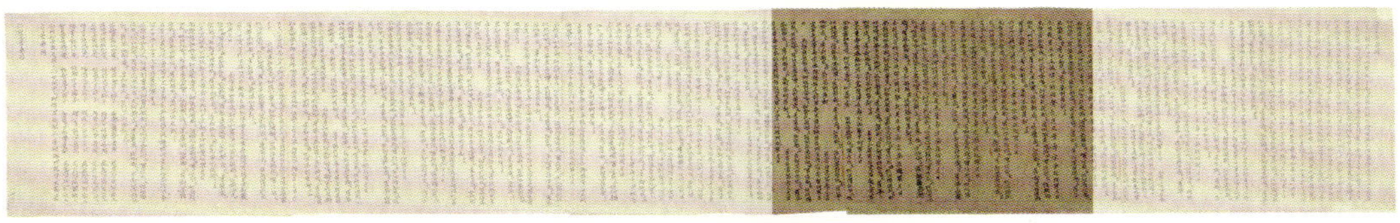

尒時復有六十五姟佛一時同聲說是无量壽宗要經陁羅尼曰
南謨薄伽勃底一阿波唎蜜哆二阿喻紇硯娜三須毗你逝指陁四囉佐耶五怛他羯他耶六
怛姪他唵七薩婆桒悉迦囉八波唎輸底九達磨底十伽迦娜十一莎訶某特迦底十二薩婆
婆毗輸底十三摩訶娜耶十四波唎婆唎莎訶十五
尒時復有五十五姟佛一時同聲說是无量壽宗要經陁羅尼曰
南謨薄伽勃底一阿波唎蜜哆二阿喻紇硯娜三須毗你逝陁指四囉佐耶五怛杝羯
他耶六怛姪他唵七薩婆桒悉迦囉八波唎輸底九達磨底十伽迦娜十一莎訶某特迦底
薩婆婆毗輸底十三摩訶娜耶十四波唎婆唎莎訶十五
尒時卌五姟佛一時同聲說是无量壽宗要經陁羅尼曰
南謨薄伽勃底一阿波唎蜜哆二阿喻紇硯娜三須毗你逝指陁四囉佐耶五怛他羯他
耶六怛姪他唵七薩婆桒悉迦囉八波唎輸底九達磨底十伽迦娜十一莎訶某特迦底十二
薩婆婆毗輸底十三摩訶娜耶十四波唎婆唎莎訶十五
尒時復有卌六姟佛一時同聲說是无量壽宗要經陁羅尼曰
南謨薄伽勃底一阿波唎蜜哆二阿喻紇硯陁三須毗你逝指陁四囉佐耶五怛他羯
他耶六怛姪他唵七波唎輸底九達磨底十伽迦耶十一莎訶某特迦底十二薩婆婆毗輸
底十三摩訶娜耶十四波唎婆唎莎訶十五
尒時復有廿五姟佛一時同聲說是无量壽宗要經陁羅尼曰

尒時復有廿五姟佛一時同聲說是无量壽宗要經陁羅尼曰
南謨薄伽勃底一阿波唎蜜哆二阿喻紇硯娜三須毗你悉指陁四囉佐耶五怛他羯他
耶六怛姪他唵七薩婆桑悉迦囉八波唎輸底九達摩底十伽迦娜十一莎訶某特迦
底十二薩婆二毗輸底十三摩訶娜耶十四波唎婆唎莎訶十五
尒時復有恒河沙姟佛一時同聲說是无量壽宗要經陁羅尼曰
南謨薄伽勃底一阿波唎蜜哆二阿喻紇硯娜三須毗你悉指陁四囉佐耶四怛他羯他耶五怛
姪他唵七薩婆桑悉伽羅八波唎輸底九達磨底十伽迦娜十一莎訶某特伽底十二薩婆二
毗輸底十三摩訶娜耶十四波唎婆唎莎訶十五　善男子若有自書寫教人書寫
是无量壽宗要經如其命盡復得長壽而滿百年陁羅尼曰
南謨薄伽勃底一阿波唎蜜哆二阿波唎蜜、須毗你悉指陁四囉佐耶五怛他羯他耶六怛
怛姪他唵七薩婆桑悉迦囉八波唎輸底九達磨底十伽迦娜十一莎訶某特伽底十二薩婆二
毗輸底十三摩訶娜耶十四波唎婆唎莎訶　若有自書寫教人書
書寫是无量壽宗要經讀誦受持畢竟不墮地獄在在所生得宿命智陁羅尼
曰　南謨薄伽勃底一阿波唎蜜哆二阿喻紇硯娜三須毗你悉指陁四囉佐耶五怛他羯
他耶六怛姪他唵七薩波桑悉迦囉八波唎輸底九達磨底十伽迦娜十一莎訶某特迦底十二薩婆
婆毗輸底十三摩訶娜耶十四波唎婆唎莎訶十五　若有自書寫教人書寫
是无量壽宗要經受持讀誦如同書寫八万四千一切經典陁羅尼曰

是无量壽宗要經受持讀誦如同書寫八万四千一切經典陁羅尼曰
南无薄伽勃底一　阿波唎蜜哆二　阿喻紇硯娜　須毗你悉指陁四　囉佐耶五　怛他羯他耶六　怛姪
他唵七　薩婆桑悉迦囉八　波唎輸底九　達磨底十　伽迦娜十一　莎訶某持迦底十二　薩波毗輸
底十三　摩訶娜耶十四　波唎婆唎莎訶十五　　若有自書寫教人書寫是无量壽
宗要經即是書寫八万四千部建立塔廟陁羅尼曰
南謨薄伽勃底一　阿波唎蜜哆二　阿喻紇硯娜三　須毗你悉指陁四　囉佐耶五　怛他羯他耶
怛姪他唵七　薩婆桑悉迦囉九　波唎輸底九　達磨底十　伽迦娜十一　莎訶某持迦底十二　薩婆
毗輸底十三　摩訶娜耶十四　波唎婆唎莎訶十五　　若有自書寫教人書寫是无量壽
宗要經能消五无間罪一切重罪陁羅尼曰　南謨薄伽勃底一　阿波唎蜜哆二　阿喻
紇硯娜三　須毗你悉指陁四　囉佐耶五　怛他羯他耶六　怛姪他唵七　薩婆桑悉迦囉八　波唎輸
底九　達磨底十　伽迦娜十一　莎訶某持迦底十二　薩婆婆毗輸底十三　摩訶娜耶　波唎婆唎莎
訶十五　　若有自書寫教人書寫是无量壽宗要經受持讀誦設有重罪
猶如須弥山盡能除滅陁羅尼曰　南无薄伽勃底一　阿波唎蜜哆二　阿喻
紇硯陁三　須毗你悉指陁四　囉佐耶五　怛他羯他耶六　怛姪他唵七　薩婆桑悉訖囉八
波唎輸底九　達磨底十　伽迦娜十一　莎訶某持迦底十二　薩婆婆毗輸底十三　摩訶娜耶十四
波唎婆唎莎訶十五　　若有自書寫教人書寫是无量壽宗要經受
持讀誦差之魔之眷屬夜叉羅剎不得其便終无枉死陁羅尼曰

特讀誦若魔之眷屬夜叉羅刹不得其便終无枉死陁羅尼曰
南謨薄伽勃底一阿波唎蜜哆二阿喻紇硯耶三須毗你悉指陁囉佐耶五怛他羯
他耶六怛姪他唵七薩婆桒悉迦囉八波唎輸底九達磨底十伽迦娜十一莎訶某持迦底十二
薩婆〻毗輸底十三摩訶娜耶十四波唎婆唎莎訶十五
若有自書寫教人書寫是无量壽宗要經受持讀誦當命終時有九十九姟
佛現其人前蒙千佛授手能遊一切佛刹莫於此經生於疑惑陁羅尼曰
南謨薄伽勃底一阿波唎蜜哆二阿喻紇硯陁三須毗你悉指陁四囉佐耶五怛他羯他耶
怛姪他唵七薩婆桒悉迦囉八波唎輸底九達磨底十伽迦娜十一莎訶某持迦底十二薩婆
婆毗輸底十三摩訶娜耶十四波唎婆唎莎訶十五
若有自書寫教人書寫是无量壽宗要經受持讀誦常得四天大王隨其衛護
陁羅尼曰　南謨薄伽勃底一阿波唎蜜哆二阿喻紇硯娜三須毗你悉指陁四
囉佐耶五怛他羯他耶六怛姪他唵七薩婆桒悉迦囉八波唎輸底九達磨底十伽迦娜十一
莎訶某持迦底十二薩婆〻毗輸底十三摩訶娜耶十四波唎婆唎莎訶十五
若有自書寫教人書寫是无量壽宗要經受持讀誦當得往生西方極樂世界
阿弥陁淨土陁羅尼曰　南謨薄伽勃底一阿波唎蜜哆二阿喻紇硯耶三須毗你悉
指陁四囉佐耶五怛他羯他耶六怛姪他唵七波唎輸底八薩婆桒悉迦羅九達磨底十伽迦娜

指陀四囉佐耶五怛他羯他耶六怛姪他唵七波唎輸底八薩婆桑悉迦囉九達磨底十伽迦娜
莎訶某持迦底十二薩婆婆毗輸底十三摩訶娜耶十四波唎婆唎莎訶十五
若有方所自書寫教人書寫是无量壽宗要經典之處則為是塔皆應恭敬作礼若
是畜生或為鳥獸得聞是經如是等類皆當不久得成一切種智陀羅尼曰
南謨薄伽勃底一阿波唎蜜多二阿喻紇硯娜三須毗你悉指陀四囉佐耶五怛他羯他耶六
怛姪他唵七薩婆桑悉迦囉八波唎輸底九達磨底十伽迦娜十一莎訶某持迦底十二薩婆
婆毗輸底十三摩訶娜耶十四波唎婆唎莎訶十五
若有於是无量壽經自書寫若使人書寫畢竟不受女人之身陀羅尼曰
南謨薄伽勃底一阿波唎蜜多二阿喻紇硯娜三須毗你悉指陀四囉佐耶五怛他羯他耶六怛
姪他唵七薩婆桑悉迦囉八波唎輸底九達磨底十伽迦娜十一莎訶某持迦底十二薩婆婆毗輸
底十三摩訶娜耶十四波唎婆唎莎訶十五
若有能於是經少分能惠施者等於三千大千世界滿七寶布施陀羅尼曰
南謨薄伽勃底一阿波唎蜜多二阿喻紇硯娜三須毗你悉指陀四囉佐耶五怛他羯他耶六
怛姪他唵七薩婆桑悉迦囉八波唎輸底九達磨底十伽迦娜十一莎訶某持迦底十二薩婆
婆毗輸底十三摩訶娜耶十四波唎婆唎莎訶十五　若有能於供養是經者則是供
養一切諸經等无有異陀羅尼曰　南謨薄伽勃底一阿波唎蜜多二阿喻紇硯娜
須毗你悉指陀四囉佐耶五怛他羯他耶六怛姪他唵七薩婆桑悉迦囉八波唎輸底九達磨底

須毗你悉指陀四 囉佐耶五 怛他羯他耶六 怛姪他唵七 薩婆桑悉迦囉八 波唎輸底九 達磨底十
伽迦娜十一 莎訶某持迦底十二 薩婆三毗輸底十三 摩訶娜耶十四 波唎婆唎莎訶十五
如是毗婆尸佛 尸棄佛 毗舍浮佛 俱留孫佛 俱那含牟尼佛 迦葉佛 釋迦牟尼佛 若
有人以七寶供養如是七佛其福有限書寫受持是无量壽經典所有功德不可限量陀羅
尼曰 南謨薄伽勃底一 阿波唎蜜哆二 阿喻紇硯娜三 須毗你悉指陀四 囉佐耶五
怛他羯他耶六 怛姪他唵七 薩婆桑悉迦囉八 波唎輸底九 達磨底十 莎訶某持迦底
薩婆三毗輸底十三 摩訶娜耶十四 波唎婆唎莎訶十五
若有七寶等於須彌以用布施福上能知限量是无量壽經典其福不可知數
陀羅尼曰 南謨薄伽勃底一 阿波唎蜜哆二 阿喻紇硯娜三 須毗你悉
指陀四 囉佐耶五 怛他羯他耶六 怛姪他唵七 薩婆桑悉迦囉八 波唎輸底九 達磨底十
伽迦娜十一 莎訶某持迦底十二 薩婆三毗輸底十三 摩訶娜耶十四 波唎婆唎莎訶十五
如是四大海水可知滴數是无量壽經典所生果報不可數量陀羅尼曰
南謨薄伽勃底一 阿波唎蜜哆二 阿喻紇硯娜三 須毗你悉指陀四 囉佐耶五 怛他羯
他耶六 怛姪他唵七 薩婆桑悉迦囉八 波唎輸底九 達磨底十 伽迦娜十一 莎訶某持
迦底十二 薩婆三毗輸底十三 摩訶娜耶十四 波唎婆唎莎訶十五
若有自書寫使人書寫是无量壽宗要經典又能護持供養即如恭敬供養
一切十方諸佛如來无有別異陀羅尼曰

若有自書寫使人書寫是无量壽宗要經典又能護持供養即如禁敬供養
一切十方佛土如來无有別異陁羅尼曰
南謨薄伽勃底一 阿波唎蜜哆二 阿喻紇硯娜三 須毗你悉指陁四 囉佐耶五 怛他羯
他耶六 怛姪他唵七 薩婆桒悉迦羅八 波唎輸底九 達磨底十 迦伽娜十一 莎訶某持迦
底十二 薩婆婆毗輸底十三 摩訶娜耶十四 波唎婆唎莎訶十五
布施力能成正覺 悟布施力人師子 布施力能聲善聞 慈悲階漸眾能入
持戒力能成正覺 悟持戒力人師子 持戒力能聲善聞 慈悲階漸眾能入
忍辱力能成正覺 悟持忍力人師子 忍辱力能聲善聞 慈悲階漸眾能入
精進力能成正覺 悟精進力人師子 精進力能聲善聞 慈悲階漸眾能入
禪定力能成正覺 悟禪定力人師子 禪定力能聲善聞 慈悲階漸眾能入
智慧力能成正覺 悟智慧力人師子 智慧力能聲善聞 慈悲階漸眾能入
尒時如來說是經已一切世間天人阿脩羅揵闥婆等聞佛所說皆大歡喜
信受奉行

佛說无量壽經

此良

圖書在版編目（CIP）數據

中國國家圖書館藏敦煌文獻．第四〇册／中國國家圖書館編．—北京：國家圖書館出版社，2024.12

ISBN 978-7-5013-7963-7

Ⅰ．①中… Ⅱ．①中… Ⅲ．①敦煌學—文獻 Ⅳ．①K870.6

中國國家版本館CIP數據核字（2024）第036519號

書　　名　中國國家圖書館藏敦煌文獻·第四〇册

著　　者　中國國家圖書館　編

項目統籌　魏　崇　殷夢霞

責任編輯　程魯潔　潘　竹　黄　鑫　苗文葉

責任校對　王　哲

出版發行　國家圖書館出版社（北京市西城區文津街7號　100034）

（原書目文獻出版社　北京圖書館出版社）

010-66114536　63802249　nlcpress@nlc.cn（郵購）

網　　址　http://www.nlcpress.com

排版印裝　天津裕同印刷有限公司

版次印次　2024年12月第1版　2024年12月第1次印刷

開　　本　787×1092　1/8

印　　張　40

書　　號　ISBN 978-7-5013-7963-7

定　　價　2800.00圓